태화강
관어대에 기대어

태화강 관어대에 기대어

老泉 노명서 제4시집

도서출판 천우

서시

손대면 베일 것 같은 세상
유배일까?
소풍일까?

욕심 없는 삶은 무의미할 것 같고
또한 과욕을 막을 수 있다면
그것 또한 욕심이겠지

세파에 켜켜이 쌓인 더께
오늘따라
가사 없는 노래 부르며
장단 없는 춤을 추고
털 없는 붓을 들고 그림을 그리며
흑심 없는 연필로 시를 쓴다

때 묻은 시간 속
술잔에 뜬 달 눈물 훔치더니. 그
눈물 씨앗이 밑거름 되어
마음의 문을 두드려
마음을 훔치려 합니다

老泉

제1부

찔레꽃

● 서시

제2부

지하철

제3부

신라의 뿌리

제4부

사랑 지니 그리움 피네

제1부

찔레꽃

봄소식

양지바른 산비탈 봄이 왔다네
봄을 캐는 여인네들 콧노래
아지랑이 나풀나풀 날아오르고

햇살 한 줌 쓸어 놓은 설레는 가슴
달빛에 두 손 모아
기도하는 매화꽃 몽우리
울긋불긋 물오르는 소리

들것 날것 보듬은 산야
어둠 뚫고 돋아나는 여명의 길목
연둣빛 옷 갈아입는 소리
저 멀리 희미해지는 겨울 이야기

봄 마중

살을 에는 새벽녘 옷고름 풀어
보일 듯 말 듯 고운 모습
소리도 없이 아지랑이 불러
학수고대하던 은잔대 흔드는 심마바람
인사성 밝은 수선화
동네 어귀 고결하게 곱게도 피었네

양지바른 울타리
기대어 졸고 있던 개나리
어린 새 고개만 갸우뚱갸우뚱
마주친 낯선 얼굴

그리움이 얼마나 깊어서며
가지마다 목필 들고 가슴속 묻어둔 사연
써 내려가는 북향화北向花 순수한 자태
보는 이, 눈 호강 시키는 와인 빛 사랑

봄바람

겨우내 가려웠던 등 긁어주는 효자손
가지마다 웃음 꽃망울 터트리니
암향이 가득하네
해마다 제일 먼저 피우겠다는
다짐에 다짐을 더해보지만
발 빠른 매화 앞고개 숙이네

두견화 고운 순정 주체할 수 없어
제 맘대로 터져버린 욕정
온 산천 붉은 그리움의 유혹
산천이 떠나갈 듯
쩌렁쩌렁 울어대는 두견새

북풍한설 속 영락없이 죽은 줄 알았는데
봄바람은 화타인가 보다
고운 임 오시는 길 손잡고 꽃구경 가세

봄비 젖은 예배당 종소리

보름달 숨겨놓은 어두운 밤 가로질러 비가 내리네
느슨한 간절기 틈타 경계선 뚫고
샌드위치 패널 지붕에 음반 두드리듯
몸과 마음의 누더기 씻어 내리네

세상과의 단절 말문조차 닫아버린 동토의 땅
"흙 다시 만져보자 바닷물도 춤을 춘다"
광복절 노래처럼
남루한 마음 풀어 소곤소곤 이야기 나누며
산불 지킴이 걱정스러운 눈빛 위로하고
앙상한 나뭇가지 끝 잃어버린 기억들
향긋한 향기 머금고 미소 띠네

덩달아 마음만 부산해진 농부 가슴에도
어린 손주 첫걸음마처럼 넘어질 듯
다가와 품에 안기는 빗소리
가난한 마음의 추녀 끝 쓰다듬으며
언덕 위 조그마한 예배당 종소리
들려오듯 밤새도록 내리네

삶의 현장

혈혈단신 겨우내 뒤척이던 궤적
메말라 버린 암호 풀어
그리움 비집고 서로 키 높이를 다투네

겹겹이 쌓인 번뇌
옷 한 벌 벗어 놓고 떠난 매미처럼
언 땅 뚫는 산고의 몸부림
파릇하게 수繡를 놓는다
꼼지락꼼지락 영혼 깨워 주먹 펴는 떡잎

관심 하나로 아침저녁 마주한 얼굴
햇살 머금고 수다 떨며
언제나 반갑게 목선 세우는 그, 자태
지난날 삶이 궁금하다

영물의 땅 둥지 틀어 싱그러운 너의 모습
신화의 곡간 식탁이 넉넉하다

봄은 등기우편으로 온다

점령군처럼 버티고 앉아 있는 겨울
속마음 들켰는데
애써 감추려고 다시 봉인한 하얀 눈
세상을 덮고 시치미 뚝 떼고 있네

물러날 때 슬그머니 물러나면 좋으련만
매번 방문해도 수취인 불명
꽃샘추위로 방어전선 재구축하고
메시지 남겨도 연락이 없네

기다림 익숙한 순풍의 자연스러운 방문
죽은 듯이 있다 봉함 뜯자
쏟아지는 봄 이야기
새싹들 파릇파릇 눈을 뜨고 흩날리는 환호성
아지랑이 숨소리 보고 싶은 얼굴
여기저기 짝지어 신혼여행 떠나는 새들

등기우편 받아 든 봄날 아침의 환희

누가 더

콧구멍 실룩인다
간지러워
손가락이 다가간다
누가 더
시원했을까?

무인도

해무 헤집고 내민 마알간 얼굴
청솔가지 머리에 이고 있네
익숙해진 어두움이지만
외로움 가득 머금은 눈동자
산허리 걸린 운무 햇살에 숨어들고

염치없는 통통배 고동소리
요란스러워 단 잠든 섬들 깨우고
자다 놀란 갈매기 눈 비비며 따라나서네
빈손으로 늘 돌아오는 파도
매번 헛 안부 전하고 되돌아서네

늘 그랬듯이 호미가 살점 찍고 헤집고
실속만 챙겨가도 한마디의 원망도 없이
내일 또 오라며 마중과 배웅

섬들이 저렇게 아름다운 것은
물 위 제 얼굴 들여다보기 때문이고
바다가 저렇게 아름다운 것은
섬을 품고 있기 때문이다

찔레꽃

할머니 집 가는 산모랭이
곱게 핀 찔레꽃 흰 수건 쓰고
어서 오라 반기시는 할머니 닮았네

날마다 누구를 보내고,
오지 않은 기다림을 기다리다
작은 바람에도 누렇게 지고 있네

오솔길 따라 비틀비틀
푸념 늘어놓은 바람
못난 손주 마음
연약한 몸으로 한결같이 보듬어주네

한참 지나 뒤돌아보니
혼자 손 흔드시는 할머니
이슬 젖은 밤 하얀 웃음으로

인생길

얼마나 더 기우제 지내야 님 오실까

먹구름 왔다길래 달려가 보니
이미 태어나 무서운 속도의 하산
절벽 있으면 허연 속살로 뛰어내려
산자락 도는 뒷모습 얼핏 보았네

강으로 온다기에 설렘 안고 마중 가니
한 몸 되어 반짝반짝 흰머리 나부끼며
달님 품은 천강千江 유유히 걸어가
더 이상 부를 수 없네
속세의 앙금 다 내려놓고
새들과 삶의 희비 나누며 바다로 가네

화석이 된 사념들 노을 속 태워 깨어진 조각
갯바위에 부딪쳐 암호 새겨 넣고
해조음 영혼을 노래하네
입술에 담아둔 사랑
그리움 베어 문 파도만이 알겠지

가을이 지나는 길목

눈부시게 티끌 하나 없는 파란 하늘 아래
하늬바람 가슴이 물고 와 산복도로 줄지어
한들한들 아양 부리는 코스모스 허리춤
아홉 마디마디 그리움
지천으로 구구절절 속내 펼쳐 핀 구절초

그대 머문 자리마다 소박한 자태 청순한 미소
앙증맞은 얼굴 조그마한 체구
사랑으로 음률 타고 가을이 지나는 길목
그리움 찾아와 사랑으로 피었구나

천방지축 날아오르는 고추잠자리 앉지 마라
온화하고 예쁜 얼굴
너의 까칠한 손, 발가락에 멍들라

찬 서리 말문 열어 고뿔 걸리면 어떻게 할까
노심초사 이내 마음
나뭇잎 배 타고 홀로 가는 가을
너를 위해 시詩라도 써야겠네

돌단풍

바위 손금으로 스며든
이슬 머금고 뽑아 올린
새 생명
흙 한 톨 없는 절벽 위
어머니 탯줄 물고
앙증맞은 애기 손
깊은 협곡 짙은 안개
끌어안고 인내의 공간 속
빗장 문 닫아걸고
신비롭게 살아가네

모난 돌
정 맞을까
숨죽인 걸음걸음
봄, 여름
햇살 머리에 이고
살금살금
들불처럼 번져
추상秋霜에 물든 돌단풍
춘삼월 꽃보다
황홀하게 단장했네

편지 쓰는 은행잎

유난히 기성 부리던 올여름 지나
왔다길래 가보니
수많은 누군가 앉아든 그 자리 앉아 있네
가슴에 과태료 같은 노란 딱지 수놓으며
삶의 허무함을 나누고

갑자기 샛노랗게 질린 얼굴
외람되지만 혹, 여의도 소식을…
짧았던 시절인연 방황을 마치고
억겁의 속으로 가네

그렇게 푸른 잎들이 하나씩 짙은 향기로
고단함을 말하고
황홀하게 불타오르는 노을 가슴 아래
노오란 샤스 입고 한 소절 한 소절 가을을 노래하네

바람이 불면 노란 조각들 세월 머금고 함께 몰려가며
인생 줄거리 편지를 쓰네

사계四季

강둑길 버들나무 시커먼 줄기
실개천 얼음장 밑 물소리 닮았네
겨울 녹여 기지개 켜는 봄
물관으로 퍼 올려
소녀의 탱글탱글한 얼굴빛 미리 보네

지칠 줄 모르는 더위
구순 노인 물음표 짚고 걸어가다
내 평생 이런 가마솥 찜통은 처음이야
구시렁거리는 낱말 짝 맞추는 땡볕
주춤주춤 지팡이로 낙관 찍으며 가시네

허우대 멀쩡한 고춧대
쑥스러워 숨은 붉은 얼굴
익어가는 가을 위 고추잠자리 겹눈으로 비행하다
홍고추 유혹에 고추지지대에 안착하네

나뭇가지 타는 아궁이
지난여름 벌써 그리워 속절없이 활활
끊임없이 굴뚝 따라 창천蒼天으로 몽글몽글
또 한 해가 저녁연기 되어 날아가네

그리움 찾아 저마치 가는 추억

저물어 가는 갑진년 그림자도 신발 벗고
귀밑 세월의 발자국 소리에 하얗게 물드네
차가운 동지섣달
코끝에 닿는 낯선 밤공기

술잔에 가득 담긴 낡은 사진첩 먼지 털다
서로 마초*라며 군더더기 없는 웃음
녹슨 가슴 마구 통과하고
기억 저편의 추억 젖 찾는 아이처럼
반짝반짝 수繡를 놓는다

아직 봄빛 남아 가득 젖은 저 눈빛
입술이 서로 닿아 두터워진 술잔에
깊어지는 우정 찰랑찰랑
유년의 시간들이 넘쳐흘러 하나씩 줍는데
심술처럼 다가오는 영업시간 종료. 그
아쉬움 씁쓸한 마음의 그림자
내일을 약속하네

*마초 : 남자다움을 지나치게 과시하거나 우월하게 여기는 남자.

햇살을 목말 태우고

마지막 굴곡진 햇살 몸부림치는 윤슬을 봐라
바람 의지 따라 무리 지어 가는 것을
세상사 내 의지대로 되는 게 어디 있던가?
햇살 목말 태워 홀로 걸어보자

옛사람 보고 싶을 때
지구를 발가락으로 움켜쥐고
파란 하늘 붙잡고 허리춤 추는 코스모스 길
돌부리 걷어차며 물수제비도 띄워보자

고향이 그리울 때
평화롭게 몸을 즐편히 펼친 노을 진 바닷길
혼자 걸어보자
호주머니 손을 넣고 휘파람 불면서

풍화작용 인생길
세월의 무게 켜켜이 쌓여 휘청일 때
술잔에 달을 띄워보자
내일이며 밝은 해가 뜨지 않던가

백주년 기념 시

형 언니 따라 손잡고 코 손수건 달고 들어선 교정
백 년의 시간, 그
길고도 긴 여정

우리들 태초의 꿈이 자란 곳
선생님 사랑으로
지혜의 씨앗이 뿌리내린 터전
고희 길 들어서 보니
까마득한, 그
시절 조각들 기억이 엊그제처럼 생생한데

우렁차게 부르던 교가
힘차게 메아리치던 치술령 숲은 울창한데
만국기 펄럭이던 그 넓은 운동장은
우리 집 뒷마당처럼 작아만 보이지만
늘 가슴 가득 채워주던 곳

두레박 퍼 올려 허기진 배 채우던 우물터는 여기든가
노거수 등나무에 매달려 놀던 곳 저기든가
교정에 자랑스럽게 붙어있는 눈 익은 이름표
교훈만이 백 년 세월 지키고 있네

제2부

지하철

칼의 노래

물너울에 젖은 눈빛
무엇을 찾을까
깨어진 파도의 조각
주워 담는 소리에 몰려드는 장꾼

어젯밤 막배 타고 왔노라고
물 때 좋고 입담 좋은 좌판
오금 저리는 현란한 칼의 노래
오일장 제압당하고
단두대 붉은 잉크 흐르는 상형문자

바다 누비고 다닌 죄 밖에 없는데
할 말이 많아 두 눈 감지 못한 채
박음질하는 소금꽃 장식
통성기도도 없이
검은 비닐 수의囚衣 옷 넘어
그리움이 퍼지는 고향 바다 향기

지하철

몸을 감추고 아침을 여는 두더지
어젯밤 꿈
실어 나르는 건각健脚

홍수처럼 질주하는 속세의 본능
이 골목 저 골목 누비다
하루의 옷 벗어 버리고
고해성사하는 열차 회개의 소리

너는 천성 광대다
철사 줄 타고 울고 웃기니

만색晩色이 아름다운 것은
자기 할 일 다 했기 때문
붉고 푸른 정열로 또 달린다
또 다른 내일이 있어 행복하네
꿈이 있으니

홍시의 말

아직은 너무 어려
떫은 채 쑥스러워
잎사귀 속 숨어 있네요

그리움에 그리움 포갠 채
그대를 바라볼 수밖에 없네요
수줍음이 익어
붉게 물들어버린 두 볼
제 탓만이 아니겠지요

속마음 감추고 감추어도
따사로운 해님 손길에
어느새 커버린 연정
야들야들 탱글탱글한 가슴 어쩔 줄 몰라
손 닿으며 터질 것 같은 심장
달콤한 주홍빛 사랑

할 말 많은 가을하늘
그리움 노을에 다 태우고 있네

태화강 관어대에 기대어

국화꽃 향기 띄우는 날
관어대 그 자리 퇴색된 낙엽 홀로 앉아 있네

봄 마중 가던 그 마음 변했을까
물고기도 서로 만나 노니는데
믿지 못할 사랑 믿었던 이 죄 메아리로 남아
사랑도 청춘도 꿈도 아스라이 흘러가네

눈물보일까 고개 숙이니 인사인 줄 알고
떠나간 낙엽
사방 두리번거려도 보이지 않네

나는 옛사랑에 왜가리는 물고기에 흔들리고
바람에 흔들리는 잎새 앉은 풀벌레 울음소리
시절인연이 소중하다며
조각난 시린 마음 한없이 보듬어 주네

물고기 한 마리 승천의 몸짓을 한다

소금산 출렁다리

하늘 높이 가물가물 이어지는 개미 행렬
세상사 모두 내려놓고 출렁출렁
한 마리 새가 되어
구불구불 강줄기 속내 조감하네

손끝에 스치는 바람에도 쪼그라든 심장
흔들리는 산야 아슬아슬 춤사위 발걸음
기차도 마음 졸여 쏜살같이 지나가고
먼 하늘 위 새가슴 얹어 놓고
두려움과 설렘이 교차하는 한 폭의 수채화

세상이 춤을 추고
저 멀리 산봉우리도 웃고
하늘길 끄트머리 마지막 한 걸음 오금 펴고
세례받고 나오는 아이처럼 환한 웃음

풍문

작은 실바람
멀고도 먼 전설 같은 구전口傳
첫사랑 이야기

말없이 흐르는 아내의 눈물 속
어릴 적 풍문 머물고 있을까
눈물 닦아 몰래 가만히 들여다보네
혹, 묻어 나올까
호기심
아무리 들여다보아도 알 수 없고
뜬금없는 싱거운 사람

얼마 전 백내장 수술을 받아
이젠 더욱 확인 할 길 없고
순수한 얼굴
미소가 살갑게 다가오네

이제 걱정이 앞선다
내 눈도 스치는 바람에 눈물이 흐르니
아내가 닦기 전
얼른 내가 먼저 훔친다
도둑놈 제 발 저린다 하더니,

들깨

척박한 땅 어느 곳이든
억척스럽게 살아 들깨라 불리던가
강인한 생명력. 그
모습 민족성 닮았네

소박하면서도
화려한 향기
작은 씨앗 한 톨 있는 것만으로도
천지간 알리는 존재감

약방에 감초처럼
어디든 잘 어울리는 너는 팔색조
한두 방울에도 웃음 짓게 하는 육향肉香

자물통

칠흑의 밤
홀로 외로움 끌어안고
다시 만날 기약 없을 것 같은
앙다문 그리움의 입술

선택받은 자만
들어설 수 있는 좁은 구멍

속살 깊숙이 밀어 넣어
숨 쉬는 것조차 잊어버린
유혹의 몸짓
철거덕 청아한 목소리

부둥켜안은 상봉
봉창 넘어 흔들리는 그림자

노숙자

수많은 사연 오가는 곳
해 질 녘 지친 하루 싸늘히 식은 대리석 바닥에 내려놓네

한때는 가족이란 이름 아래 식탁에 둘러앉아 웃음꽃 피웠었지
여줄가지 위해 아낌없이 살점 하나 다 내어주던
소나무 껍질보다 거칠어진 손
옹이처럼 손가락 마디마다 앙상한 뼈를 덮은
주상절리처럼 가죽만 말라붙어 감싸고 있네

웅크린 새우잠 사이로 삶의 날개 접고
이불 한 채에 빼곡한 세상 사연 덮고
이 밤이 한없이 무거워 보이네

한땐 남들이 부러워했을 화양연화花樣年華
부러운 눈총 맞아 이곳까지 왔을까
종착역은 아직 먼데
불립문자不立文字훠이훠이 떠날 준비를 한다

역사驛舍 벽시계

출발과 도착 만남과 이별의 두 얼굴
어른거리다 사라지고
날짜 지난 기차표
시간을 기억하지 못한 채
휴지통에 길게 누워 잠들어 있고

그리움과 사랑
기쁨과 슬픔
마중과 배웅
가슴 활짝 편 사람과 웅크린 사람
환한 웃음과 걱정스러운 표정
모자 덮은 노인의 얼굴 딱딱한 의자
함께 잠재우는 조명등 불빛
깜빡깜빡 자장가 부르고
상반된 이마 맞대고 함께 살아가는 곳

한 치의 오차도 용납할 수 없는 이념의 평행선
왼쪽 오른쪽 서로의 몫 인정하며
두 어깨 올라서서 국민열차 달리고 싶다
녹슨 철길 반짝반짝 눈부시게

기적 떠난 역사
하루 흔적을 지우고 또 새 아침 여는 괘종소리

속앓이 하는 거목

쑥, 마늘 먹고 차린 신혼 오천 년 거목巨木되었네
귀여워 내어 준 팔다리 어깨 타고 오르는 덩굴
끝내 상투 잡고 목을 오르네

허물 볼일 땐 시도 때도 없이 벌떼처럼 달라붙어
내 치부 감추려고 네 살점 물어뜯으며 칭칭 감아
부추기는 몰염치한 정객政客들의 이전투구泥田鬪狗
선혈鮮血로 물든 여의도
우뚝 선 무궁화 화병에 힘들어하네

민족의 무대 위 제 밥그릇 오욕에 목청 올리는 개털
오케스트라 공연에 꽹과리 치는 선무당
공감은 간데없고 갈등만 출렁이네

열쇠 잃은 절망의 벽
공존 속 갈등 있고 진실 속 고통 있듯이
칡葛등藤공감 찾는 술래가 될까
어둠 뚫고 목청 끝 불러오는 저 절박한 장닭
선한 세상 다시 펼쳐질 밝은 해가 뜰 거야

욕지도 팽나무의 일기

갯바람 비릿한 냄새
소금물 저린 옷섶 가슴팍 눅눅하다
수백 년 겹겹이 묻은 사연
가지마다 푸른 바다가 출렁인다

양지바른 옥토 지천에 둔 채
포구 언저리 시멘트 바닥에 발을 묻고
수평선 위 머문 눈길
기다림 먹물처럼 번지네

육지 끌고 오겠다고 대처로 나간 자식
힘들면 아무 생각 말고 돌아오라는 당부
잔잔한 물결 소리에도 가랑잎처럼
밤마다 몇 번이고 뒤척이며
걱정과 성공을 이불자락에 묻네

빗쟁이처럼 달려드는 폭풍우에도
낮빛조차 바꾸지 않은 궤적軌跡
향수香水보다 짙은 고향의 향기
고기비늘 매달고
고귀한 자태 어머니로 서 있다

장생포 고래마을 수국

형형색색 덮인 마을
옛 추억 물씬 풍기며
고래가 춤추는 마을

수평선 먼 곳 보려고 눈 비비는
포경선의 매서운 눈매 속
유유자적 유영하는 귀신고래

뒤섞인 환호와 아우성의 혈투
노을빛으로 멍든 파도
분노하는 마지막 이승의 바다

장생포 고래마을
자비와 용서로
함께 아우러진 둥근 웃음꽃

6월의 수국화 향기 바다를 덮고
작은 불심이 모여 피워낸 불두화
또 하나의 명소 되어 찾아든 천만관객

구舊 삼호교의 추억

근대화의 상징 아스라이 높은 굴뚝
성화처럼 솟아오르는 공단의 불기둥
불나비 되어 몰려든 젊은 가슴
묵묵히 건네주던 교
백 리 길 굽이치는 청옥빛 물결에
발 깊숙이 묻고 늙어버렸네

두 눈 뜨고 있는데
짐승으로 덤벼드는 왜구
민족의 수난 지켜보며
물속에 뜬 달님께, 그
서러움 얼마나 하소연했을까
그 얼마나 울분 토해냈을까

엄동설한 매섭게 몰아치고 거센 홍수에도
온몸으로 견뎌온 백 년의 세월
학슬풍鶴膝風에 다 망가진 몸 추슬러
태화강 맏형으로 마지막 봉사의 길
또 하나의 역사 속
달빛처럼 쏟아내는 추억의 향기

멈추어 버린 월정리 기적소리

남도 향기 싣고 달려오다 혼절한 기적소리
아직 산천은 선명하게 기억하는데. 그
푸른 기백 벗어놓은 매미의 누더기 옷 한 벌에
구수한 사투리 사람냄새 물씬 풍기는데
숨소리마저 울다 멈추었네

썩은 이념의 기싸움
새우 등 터지는 소리에 무심한 세월만 흐르고
염원이 녹으로 허물어진 사지
숭숭 뚫린 가슴팍 헛바람만 지나가고
저 기차 타면 먼 옛날 그날로 당도할까
흙 돌담길 골목 들어서면
늙으신 부모님 만날 수 있을까

망원경 눈동자에 새겨진 두루미 떼
유유자적悠悠自適 한가로운데
흰 구름은 바람의 손잡고 오고 가는데
기~인 세월 얼마나 더 기다려야 할까
월정리 역사驛舍 기적소리 가득 채워지는 날
6월이 오면 더욱 그리워지는 산천

철원평야의 고백

아무런 걱정 없이 편안하게 가슴 활짝 열고 살았습니다
나를 제일의 곡창지대라 불렀습니다
황금물결 출렁이는 무한의 공간
새들의 만찬에 허수아비 애만 태울뿐

숨결마저 제대로 쉴 수 없는 금단의 땅
한반도 심장 짓밟고 핏물 적신 산야
그 참혹함 그 아픔 너희들은 아느냐
지우개 뺏어간 열강 논리에
선하나 지우지 못하는 민족의 초라함

풀 한 포기에도 두 동강 난 어깨 위로 우는 바람
할 말 너무 많아 노을 움켜잡고
속이 타는 철원평야
견우와 직녀는 서로 만나는데
무슨 권한으로 한반도 허리 반 토막 잘랐는가?

자명고 찢어 어색한 이념의 옷 벗어던지고
광야 가로질러 달리고 싶다
손에 손잡고
부산에서 나진까지 철마는 달리고 싶다 민족 얼 싣고

아홉산 대숲길

태곳적 굴레 속 아홉 주름 행간마다
쌓이고 쌓인 이야기 사그락 몸 비비며 정답게 나누네
지구의 숨소리 맥박소리 사계절 노랫소리

선비의 대쪽 같은 위세에 바람도 숨죽이고
철없는 청설모 불장난 사랑에
팔짱 끼고 선 노송도 얼굴이 붉네

바다가 그리워 은하수 강물 위
별 헤아리는 구갑죽龜甲竹
환생한 거북이 모여 살고
누군가를 찾아 나선 애틋한 바람
댓잎 마음 흔드는 율려律呂
겁에 질린 새 한 마리 연신 헛기침이다

방황하던 가을바람 이곳저곳 헤매다
산책길 가지마다 휘파람 부는 소리
님 부르는 소리인 줄 알고 뛰어내리는 낙엽
가을은 또 저물어가고
화백의 손끝 붓놀림 눈 맞춘 풍경
너그러운 마음의 향기 빗장 풀어
남루한 세파에 찌든 마음 씻어주는 아홉산 대숲길

유년의 그림자

어릴 적 방축 둑 따라
새봄 돌아오면 버들가지 꺾어
퉤퉤퉤 호드기* 약 올려
잘 울어 달라는 그 속내

누가 잘 부나 힘 겨루며 즐겁기만 했지
손수 만든 손수레 무리 지어 끌며
소꼴 가득 실고 불었지
그 울음소리에 집까지 뱀 따라온다는
어른들의 충고에도

그 시절 생각나 꺾어 불러보지만
호드기 울음소리도 늙어 시원찮고
노거수 늙은 매미 쉰 목소리
세월의 허무를 읊고
아련한 추억 조각들을 하나씩 줍는다

*호드기 : 버드나무 껍질로 만든 풀피리.

선비의 열반涅槃

지구 표면 뚫고 사바세계의 긴 여정
어떠한 억압에도 휘어질 지언즉 꺾이지 않고
굴곡진 세월 마디마디 옹이 끌어안고 견뎌온
이 풍진 세상 그 옹이로 지탱하고
사그락 사그락 서로 위로하며 살았네

열반하는 날 난생처음 울고
그 마지막 단 한 번의 울음
살아온 깊이만큼 대성통곡하네

넘어가려는 장어의 꼬리처럼
길게 뻗어 휘감아 솟구치는 불기둥
한 움큼 움켜쥔 몸서리 엉겨 붙은 흔적
파란 하늘에 빛을 뿌려 사르는 혼백
이승의 마지막 인사 힘차게 지르네 빵빵빵

제3부

신라의 뿌리

갈망을 찾아서

얼음장 밑 숨죽여 흐르는 물소리
엎치락뒤치락 흐르는 것은
꼬리 흔드는 버들강아지 봄 부르는 소리

익숙지 않은 세속 다 토해내고
산으로 간 들개
얼룩진 그리움 원망의 만신창이
한 걸음 한 걸음 다 벗어내는 해탈의 울부짖음

야밤에 체념으로 우는 길고양이
아직 미련 남아 무너진 사랑
다시 엮어 보려는 갈망의 울음소리

암자로 간 물고기 처마 끝 매달려
밤낮없이 우는 것은
고향 떠난 빈 가슴 채우는 해조음

깊은 늪에 빠진 사악한 불심
진리의 고뇌
어두움 법당 딛고 밝히는 촛불 넘어
자애하신 님의 미소

불국사의 풍경風景

칼바람 부는 세상사 바람이 남루하다
먹물 쏟아 번지듯 짙어지니
바위만큼 무거운 세상

불국사 세심洗心교 아래 잉어 떼
속세의 부스러기 던진 공양
참새 떼처럼 모여드는 것 보니
묘제 때 아이들 모여들던 그 시절 같네

겨우내 야윈 가슴 부끄러운 가지 끝
파란 꿈의 기억 붙잡고
푸른 새싹 헌사로 지나온 가을날
한 해의 발자취 고운 빛깔

처마 끝 풍경소리 안개처럼 서라벌 덮고
퇴색된 단청의 인자한 모습 아래
다보탑 석가탑 그림자 나란히 길게 눕네

통도사 홍매

겨울 역신 뚫고 천 년 전 웃음
마음속 둥지 틀어 어찌할 줄 몰라
넋 놓고 바라볼 뿐입니다

부처님 사랑의 미소인가
신라 어느 낭자의 그리움 향기인가
당신이 오시는 날
가슴이 미치도록 붉어집니다

굽이굽이 삼독三毒* 헤집고 뻗은 가지 끝
날개 펴 날아가네
바람 등에 업혀 앙증맞은 몸짓으로
머뭇거리던 홍매화 사랑을 낭독하네

애잔한 눈빛
영취산 자락 고단한 하루를 희망으로 보듬네

*삼독三毒 : 탐욕貪欲, 진에瞋恚, 우치愚癡의 세 가지 번뇌.

신라의 뿌리

햇빛 실은 꽃수레 사랑 실은 봄바람
금잔디 위 살랑살랑
만리춘객萬里春客 설렘 가슴 두근두근
마음에 마음으로 이어진 발걸음 멈춰 세워
옛 숨결 듣고 있네
천 년 전 숨겨놓은 별
그리움 찻잔에 띄워놓은 첨성대
포석정 놀이터 춤추는 노송
옛 풍류 솔가지에 얹어놓고
양심 잃은 쾌락 난간대에 걸린 희미한 반월
서슬 퍼런 화랑도
마의태자 의지도
토함산 계곡마다 울부짖음
편자 없는 말발굽 소리 천년 사직 연기처럼 사라졌네
금오산 아래 펼쳐진 찬란했던 신라 문화
천년 이어온 새싹들 십자성처럼 반짝반짝
온갖 사연의 더께가 돋아난
그 시절 그 아픔
한없이 보듬어주는 신라의 뿌리

여름날 홍룡사

여인의 푸른 치맛자락
넌출넌출 춤추는 편백나무 숲길
진한 향기 날리네

남몰래 왕대나무 가슴팍 새겨진 그 이름
올곧게 뻗은 염원 담아
아픔만큼 깊어진 사랑의 징표

계곡 따라 하산하는 물줄기
험준한 속세의 벽 뚫고
줄지어 화엄벌 오르는 일천 승녀 같구나

폭포의 거세 파열음
누군가 보고 싶은 목소리
실타래 풀 듯 계곡마다 쉼 없이 풀어
조각난 마음 다독이네
무지갯빛 물보라
원효대사 화엄경 설파인가
관음전 돌아 승천하는 홍룡 이련가

통도사

새벽이슬에 몸 씻고
천년을 선정禪定에 든 노송
긴 목 빼 들고 어서 오라 손짓하다
보살님 분 냄새에 가지마다 얼굴 붉히고

속세의 어지러운 광풍狂風의 탐욕
다잡아보려고 찾았던 산사
저잣거리 비릿한 한숨
무풍한송로舞風寒松路 들어서니
민들레 깃털처럼 날아가네

하늘 한 자락 가지에 걸치고
욕심과 부끄러움의
옷을 벗는 배롱나무
불심으로 수행한 매끈한 몸매

불보사찰佛寶寺刹 산문 나서니
피안彼岸의 문설주에 걸린 풍경소리
시주 나와 사랑을 염불 하네

염불 소리

스님 염불 소리인가 했는데
수행하던 바람
나뭇가지에 걸터앉아 경전 외우는 소리였네

천 년간 법문 듣고 자란
무풍한송로無風寒松路 왕소나무
이제 깨달음의 의미 아는 듯
붉은 장삼 걸쳤네

채워도 채우고 싶은 욕심
기도하며 또 더 달라하네
시주 나온 떠돌이 법종
번잡한 구업口業들의 거리
칠흑의 밤 한줄기 달빛처럼
사랑으로 귀를 씻어주고,

사찰 밖 소란스럽게 나부대는 광풍狂風에
목탁 소리 고삐 잡고
홍매화 그늑한 향기 산문 나서네

백화등꽃 삼처전심三處傳心

오뉴월 뙤약볕 속에
하얗게 핀 그리움
담장 구멍 뚫고 나온 곽시쌍부槨示雙趺

손 하나 의지 할 곳 없는 담장
기꺼이 올라 더 이상 오를 수 없어
허공에 제 마음 한 올 뽑아
간절함의 다자탑多子塔

바람개비 돌려
가끔 은은한 향기
전하는 백화등꽃 염화미소拈華微笑

진밭泥田* 이름표

새 이름표 달고 살아온 한 소녀
뚜벅뚜벅 걸어온 뒤안길 눈물 고인 자국마다
우리 형제 삶이 고여 있네
푸른 날개 접고 살아온 사연 얼마나 많았을까
꽃다운 열일곱 나이
심연에 묻어둔 안타까운 삶의 흔적
앞산 마루에 걸어두고
들리지 않은 가슴속 슬픈 노래
메아리 되어 얼마나 흘렀을까
눈에 밟힌 새끼 배곯을까 헐거워진 육신 부여잡고
앞뒤 산 오르내리며 에이는 아픔
옹이로 자란 것도 모른 채
자기 자신을 옹이로 지탱하며
호미처럼 휘어져 한평생 지우고 간 진밭 언저리
한 송이 꽃으로 핀 울 엄마
지천에 둔 친정집 하늘 넘어가는 노을
바라보던 눈빛 노을보다 뜨거웠지
진밭 이름표 달고,

* 진밭泥田 : 이전리泥田里 마을 지명, 어머니 호칭 앞에 수식어는 진밭이었다.

연민

나목가지 바람 붙잡고 하소연하는
섣달그믐 늦은 밤
숙맥같이 이 못난 이 기다리는 평생친구 생각
군고구마 사 들고 집으로 간다

강산이 네 번 바뀐 세월
생사를 동락한 동지이자 어머니다
세월 나이테만큼 헐거워진 삭신
여기저기
세월의 아픔이 새어 나오고

북풍한설 멱살 잡고 파고드는 밤
식을까 봐
외투 가슴 깊숙이 품고
휘청거리는 발걸음 과속 페달을 밟아본다

새색시 시절 분꽃 향기 났었지
이젠 세파에 다 내어주고
나목처럼 홀로 기다리고 있겠지 생각하며
가슴 찡하게 하는 평생친구 곁으로 옮기는
그믐날 밤의 발걸음

노을 1

폭풍우 속으로 달려온 세월
뒤돌아보면
텅 빈 들녘
홀로 허수아비로 서 있네

굽이쳐 돌고 돌아온 길
눈물 젖은 베개만
지난 시절 기억하네

촘촘한 하루를 엮어 선
석양의 자태
길 떠나던 우리 할머님
뒷모습 닮았네

붉게 타는 노을
못다 한 아쉬움
아름다운 삶의 훈장

노을 2

저 산 넘어 누가 살기에
저렇게 그리움이 붉게 타오를까

아니야,
카오스chaos의 여의도
개 밥그릇 챙기는
이전투구泥田鬪狗 선혈이야

아니야, 아니야
구멍 난 철모
6월의 물결이라네
맞아
조국을 뜨겁게 사랑하는 빛이라네

산다는 것은

대청마루 앉아 북두칠성 별자리 찾으며
별 헤는 소년의 꿈
우주에 도달했을까

산이 산을 업고 이마 서로 맞대는 산골
돌고 돌아 달려가는 바람
얻은 것 하나 없는데
어디쯤 갔을까

넘어질 듯 내 달려온 계곡물
때론 부끄러움 잊고
바위에 부딪쳐 허연 속살 보여도
넘어져 멍들어도 털고 일어서는 젊은 함성
앞물 따라 뒤 물에 떠밀려 가는 것

들녘마다 빠짐없이 수혈 나누어주고
중용中庸의 하심河心
오른손 한 일 왼손이 모르게
유유히 흐르는 강물처럼
공수래 끌고 가는 노정路程

희망의 나라

이슬 젖은 달빛
화살처럼 쏟아지는 밤
가랑잎처럼 뒤척이며 아흔아홉 채
기와집을 짓고 허물던 꿈

대나무 마디마디 쌓아둔 그 인생길
제 몸 뚫은, 그
고통으로 우는, 그
고귀한 음률 맞추어 춤을 추자
꽃밭에 벌 나비처럼

긴 동면에서 깨어
매화의 부풀어 오르는 희망
가슴에 안고 노래 부르자
사랑의 노래를

멀어져 간 삶의 조각들

산촌 소년의 화덕처럼 달구었던 꿈
잃어버린 시간 속 빛나던 조각들
얽히고설킨 상념 이끼처럼 낀 세월

고희 뒷바퀴에 걸려 충혈된 눈빛으로
풀썩 주저앉은 조각들
잔잔히 감겨오는 해조음
귀밑머리 서리로 둘려 앉아 있네

등을 벽에 붙인 미동 없는 달력 한 장
체념인지 익숙함인지
또 하나의 추억으로 매달려있고

다도해 바람이 책장 넘기듯 넘겨진 세월
매핵기 끌어안고 돌고 돌아온 길
달님도 서러워 제 모습 물결 위 비추네
아직 풀지 못한 부호
촛불도 애타게 휘청거리는데
갈매기 날아와 물고 간다

희나리

살아온 질곡의 시간
멈추어 버린 토막 난 세월
마지막 남은 한 방울의 그리움 토해내며
한 줌 재로 남기는 유훈

따닥따닥 타들어 가는 넋 잃은 몸부림
시뻘건 사력死力 그, 목소리
짙푸른 젊은 지난날 전설을 캐어
그리움으로 피워 올려 연기처럼 사라지네
그대 향기만 남기는 희나리

문 열면 왈칵 빚쟁이처럼 달려드는 미굼내*
참빗으로 곱게 빗어 올린 머릿결
얽히고설킨 할머니 삶 향기처럼 다가오고
살아온 더께 황홀한 불꽃으로 돌아와
그리움의 그림자가 길게 눕는 저녁이다

* 미굼내 : 찌든 흙먼지 냄새란 뜻의 경주 방언.

제4부

사랑 지나 그리움 피네

태화강에서

노명서 작사, 유정탁 · 로이 작곡, 김애령 노래

태화강 물결 따라 봄이 오면
그리움은 꽃잎 되어 떨어지네
아름다웠지 걸음걸음 묻어나는
우리 사랑은 아름다웠지
노을 아래 저 억새들 우리 청춘도
그대 손잡고 걷던 이 길 걸어보네
쓸쓸해도 좋아라 그리움 살아 있으니

십리대숲 위로 쌓이는 눈
눈 쌓이니 그리움 더 깊어지네
아름다웠지 소곤소곤 쌓이던
우리 사랑은 아름다웠지
노을 아래 저 대숲 우리 청춘도
그대 손잡고 걷던 이 길 걸어보네
외로워도 좋아라 그리움 살아 있으니
외로워도 좋아라 그리움 살아 있으니

봉선아

노명서 작사, 유정탁 · 로이 작곡, 김애령 노래

길 멀어 안 오시나
밤늦어 못 오시나
달빛은 밝고 밝은데
별빛 타고 오시려나
손끝에 동여매어
불어주던 그 입술
가슴에 남아 선명한데
봄은 멀리 있어도
내 사랑 그대
꽃밭에 다시 필래요

사랑 식어 안 오시나
눈멀어 안 오시나
기다리다 눈이 멀어
그대 잊을까 눈물 나오
손끝에 핀 봉선아
애타는 이 가슴에
무명실 자국 선명한데
봄은 멀리 있어도
내 사랑 그대
꽃밭에 다시 필래요
내 사랑 그대
꽃밭에 다시 필래요

물속 그리움

노명서 작사, 유정탁 · 로이 작곡, 김애령 노래

비닐 몇 장 펄럭이고
목을 빼 더듬어보는
물속 마을 나무들
밤마실 개 짖는 소리
천 년 전 발자국마저
물이 되었네 휘영청
휘영청 달빛 부서지는데
어디 갔나, 그리운 사람아
끝나지 않은 술래놀이
밤마다 물속 마을 헤매네
철없는 별들 그때처럼
장독 소꿉놀이하는데
서러워, 서러워 찾아갈 수 없는
물속 그리운 내 고향

끝나지 않은 술래놀이
밤마다 물속 마을 헤매네
철없는 별들 그때처럼
장독 소꿉놀이하는데
서러워, 서러워 찾아갈 수 없는
물속 그리운 내 고향
물속 그리운 내 고향

어머니 주름

노명서 작사, 유정탁 · 로이 작곡, 김애령 노래

호수처럼 넓은 마음
세상근심 다 담아도
흘러넘치지 않아요
어머니 당신 마음은
뒤돌아보는 어머님의 삶
그 아득함이라니
깊은 주름 그 행간
오늘에야 읽어보니
내가 걸어온 길이었습니다

바다처럼 깊어서
세상근심 다 담아도
헤아릴 수 없어요
어머니 당신 마음은
뒤돌아보는 어머님의 삶
그 아득함이라니
깊은 주름 그 행간
오늘에야 읽어보니
내가 걸어온 길이었습니다
길이었습니다

능소화

노명서 작사, 유정탁 · 로이 작곡, 김애령 노래

노을도 발걸음 멈춘 창 넘어
초승달 눈웃음에 흔들리는 마음
담 너머 능소화로 피어나던 너
내 사랑은 주황색 그리움이었지
너만을 사랑해 남기고 간 약속
벌써 잊었나 돌아올 줄 모르고
까치발 목을 빼고 능소화만 피어
하염없이 그리움에 눈물 나네

너만을 사랑해 남기고 간 약속
벌써 잊었나 돌아올 줄 모르고
까치발 목을 빼고 능소화만 피어
하염없이 그리움에 눈물 나네
하염없이 그리움에 눈물 나네

어긋난 만남

노명서 작사, 유정탁 · 로이 작곡, 김애령 노래

눈물도 말라버린
차가운 가슴
나 혼자서 앓다가
못다 핀 꽃망울
비바람에 떨어진 사랑
지나온 인생길
어긋난 만남이어서
못 만날 우리 사랑
버리고 갑니다
마지막 가는 길
서러움 두고 갑니다
쌓이고 쌓인 원망도
버리고 갑니다

마음도 닫아버린
서글픈 마음
나 혼자서 피다가
못다 핀 꽃이여
비바람에 꺾어진 연정
지나온 인생길
어긋난 만남이어서
못 만날 우리 사랑
버리고 갑니다
마지막 가는 길
서러움 두고 갑니다
쌓이고 쌓인 원망도
버리고 갑니다
버리고 갑니다

열암곡

노명서 작사, 유정탁 · 로이 작곡, 김애령 노래

비원 끌어안고 잠든
천 년 세월 깨어나 보니
아름답던 그 시절
온통 변해 버렸네
말해 주오 말해 주오
가슴에 품은 사연
뜨거웠던 그 사랑
부디 말해 주오
천 년 기적 그 사랑
님이시여 님이시여
그대처럼 고귀하게
그대처럼 인자하게
열암곡 묻힌 사랑
다시 깨어나리
천 년 기적 그 사랑
님이시여 님이시여
그대처럼 고귀하게
그대처럼 인자하게
열암곡 묻힌 사랑
다시 깨어나리
열암곡 묻힌 사랑
다시 깨어나리

사랑 지니 그리움 피네

노명서 작사, 유정탁 · 로이 작곡, 김애령 노래

내 맘속에 그대 모습 가득합니다
달콤한 그 말 한마디
처음엔 사랑인 줄 알았죠
얼마나 기다려야 하나요
얼마나 울어야 사랑이 피어날까요
사랑하면 피어날까 봐
기다려도 대답 없네요
대답 없는 내 사랑이여
그리움에 꽃이 피네요
내 맘속에 그대 모습 가득합니다
달빛으로 이어진 사랑
그것이 시작인 줄 알았죠
얼마나 기다려야 하나요
얼마나 사무쳐야 사랑이 피어날까요
기다리면 피어날까 봐
일편단심 기다린 사랑
사랑 없는 내 사랑이여
그리움에 꽃이 피네요
사랑 지니
그리움이 피어나네요

인생 질문

노명서 작사, 유정탁 · 로이 작곡, 김애령 노래

바람 잘 날 없는 세상
왜 사느냐고 물어보지 마세요
어떻게 사느냐고 더욱 묻지 마세요
그냥 그래 사는 거지
두둥실 떠가는 거지
저 구름 보시게 얼마나 아름다운가
새 한 마리 날아가듯 너울너울 춤추는 구름
얼마나 여유로운가 그저 바람 부는 대로
마음 가는 대로 사는 거지
마음 한 자락 너울거리며 얼씨구
더덩실 추어보세 보려야 볼 수 없고
잡으려야 잡을 수 없는 세월
그냥 사랑하며 사는 거지
루루루 루루루루 루루루루
루루루 루루루루 루루루루
루루루 루루루루 루루루루
루루루 루루루루 루루루루
두둥실 떠가는 거지
저 구름 보시게 얼마나 아름다운가
새 한 마리 날아가듯 너울너울 춤추는 구름
얼마나 여유로운가 그저 바람 부는 대로
마음 가는 대로 사는 거지

마음 한 자락 너울거리며 얼씨구
더덩실 추어보세 보려야 볼 수 없고
잡으려야 잡을 수 없는 세월
그냥 사랑하며 사는 거지
루루루 루루루루 루루루루
루루루 루루루루 루루루루
루루루 루루루루 루루루루
루루루 루루루루 루루루루

비 내리는 성남동 거리

그대 눈썹 닮은 초승달빛아래
다정히 거닐던 성남동 거리
손가락 걸던 빨간 벤치에
영화 같은 사랑 빗물에 떠내려가네
가슴 속 문신으로 새겨진 사랑
안부도 전할 수 없는 나의 님아
발걸음이 기억해 왔건만
그 선술집 간 곳 없네
님 없는 이 거리에 비만 내린다

그대 눈동자 닮은 별빛 밟으며
정겹게 거닐던 성남동 거리
입맞춤하던 하얀 벤치에
그림 같은 사랑 빗물에 떠내려가네
마음속 옹이로 남아있는 님아
안부도 전할 수 없는 나의 사랑
발걸음이 못 잊어 왔건만
그 선술집 간 곳 없네
님 없는 이 거리에 비만 내린다

울산 연가

해 오름 동해 용솟음치며
한반도 새 아침 여는 희망의 터전
온 세상 밝히네
가지산 가슴에 담은 정기
태화강 백 리 길 굽이쳐 달려간다
반구대 암각화 고래 꿈틀대며
고향바다 숨비 소리 들려온다
하늘 높이 승천하는 무룡
더덩실 춤추는 처용
십리대밭 새들 한가롭게 나래 펴고
살기 좋은 산업 수도 요람의 우리 울산
오대양 육대주 어서 오라 손짓하네

태화강 백 리 길 굽이쳐 달려간다
반구대 암각화 고래 꿈틀대며
고향바다 숨비 소리 들려온다
하늘 높이 승천하는 무룡
더덩실 춤추는 처용
십리대밭 새들 한가롭게 나래 펴고
살기 좋은 산업 수도 요람의 우리 울산
오대양 육대주 어서 오라 손짓하네

친구

어둠 짙게 내린 이 거리
술잔 속 아롱거리는 얼굴
한 잔 술에 담아 풀어보는 추억
오가던 정 그리움 꽃이 피네
채울 수 없는 빈 술잔 채워
그 이름 그리워 불러보네 친구야

세월 따라 꽃도 피는데
밤하늘 달빛 꺼질지라도
한번 맺은 우정 변할 수 없네
한 잔 술 두 잔 되어 걸어가네
마음의 빈 술잔 추억 채워
그 이름 애타게 불러보네 친구야

편지

고운 미소 수줍어 봉인한 편지
수많은 모래알 속 보석 같은 사랑
그 마음 두 바퀴 돌고 도네
너는 앞바퀴 나는 뒷바퀴
산까치 울어대면 설레는 마음
붉어진 얼굴 빨간 우체통
밤새워 지웠다 다시 쓴 편지

치마폭에 감춘 설레는 편지
수많은 사람 중에 보석 같은 인연
그 사랑 두 바퀴 돌고 도네
너는 앞바퀴 나는 뒷바퀴
기러기 날아가면 수줍어서
붉어진 얼굴 빨간 우체통
밤새워 몰래 다시 읽던 편지

비에 젖은 사랑

비가 내리네
메마른 가슴에
하염없이 내리네
그대 눈물 같은
비가 내리네
저 빗속에
내 님 가슴 적시며
바라보던 마음
너무 아파
당신의 눈물 흩뿌리며
그 아픔 녹아내리네
떠나가던 당신 모습
그리며 내리네
아픔이 다하는 날까지
어쩌나 어쩌나
당신 올 것 같아
그냥 그 자리 서 있네
보랏빛 당신 마음 젖고 있네

당신의 눈물 흩뿌리며
그 아픔 녹아내리네
어쩌나 어쩌나
당신 올 것 같아
그냥 그 자리 서 있네
보랏빛 당신 마음 젖고 있네

● 후기

싸늘하게 입김마저 얼 것 같은 현세現世
트집에 트집만으로 서로 발목 잡고
남의 불행이 나의 행복인 양
이물과 고물이 그네를 타네.
자음과 모음이 자리 잡지 못하고 뒤섞여 삼각파도에
간신히 밧줄로 지탱하고 끝이 보이지 않은 절망 속
멀미 날 것 같은 시간 지난 열차표 구겨진 채 잠들어
내일로 가는 발자국의 그림자 길게 뻗어
닻을 내리지 못한 파도들 비상등이 깜박이네!
민초들이 걱정하는 참 이상한 나라 내로남불의 나라
좌우 편 가르는 선동 극단주의로 가는 나라
숨통 터져 뜨거운 머리 위 쓴 소주 퍼붓는 분노의 질주
보릿고개 굶주린 배 움켜쥐고 굽은 허리 잔기침 토해내며
일구어낸 세월 그 밑천 터전 위에 겨우 음계 밟으며 걸음 떼는데
진영논리 청야전술에 함몰되어 하늘이 무너지고 땅이 꺼지네.
먼바다를 건너며 죽음과 사투를 벌이고도
어김없이 마음속 해도를 그려

날아오는 철새의 간절함처럼
따스한 햇살 여의도 뜰에도 내려앉아
구석구석 어둠 걷어 내었으면 하는 마음
을사년 내내 해님께 두 손 모아 기도에 기도를 얹어 기도합니다.
내 둔탁한 감수성으로 언어의 질감을 매만지다
우연히 스치는 반짝이는 표현과 잠시 조우할 때
상반된 경계선에서
셀 수 없는 밤을 설치며 보낸 것들은 부끄럽지만
겁 없이 용기를 불어넣어 부모의 조마조마한 마음
살얼음판 걷는 심정으로 제4시집을 세상 밖으로 보냅니다.
치열하게 신경전 펼쳐 대치 국면에 한없이 지친 독자 마음
사자후처럼 잠시나마 위로가 되었으면 하는 마음입니다.
감사합니다.

영남 알프스 어느 산자락 웅거에서

관조와 응시의 깊은 눈으로 태어난 태화강의 시편

— 노명서 제4시집 『태화강 관어대에 기대어』에 담긴 속뜻

조용연(시인 · 문학평론가)

네 번째 펴내는 시집에서도 노명서 시인은 태화강을 떠나지 않았다.

제3시집의 이름이 『저 달은 어떻게 태화강을 건넜을까』이더니 제4시집은 『태화강 관어대에 기대어』가 문패다. 조상 대대로 울산, 울주 땅에 뿌리를 가진 이라면 결코 떠날 수 없는 이름이 태화강이다. 우리나라의 강은 저마다 수계의 뿌리를 가진다. 한강, 낙동강, 금강, 영산강, 그리고 섬진강은 5대 수계의 으뜸이다. 우리나라 3만여 개의 하천법상 강은 저마다 이 수계의 갈래에 매달려 있지만, 태화강은 저 혼자 영남알프스에서 발원하여 동해로 바로 흘러드는 강이다. 독불장군이자 천상천하 유아독존 격이다. 하여 울산 사람의 자랑이 아닐 수 없는 모태의 강이다.

말정에서 나고 자라/ 오산에서 생을 마감하리/ 맑은 강물 십리에 흘러/ 푸른 대나무 천그루네/ 무덤은 1묘畝 가량이요/ 정사精舍가 몇 칸이라/ 세월이 흐른 뒤라 해도/ 구전으로 여전히 전해 지리

— 서장성「한시」

태화강 오산鰲山 만회정 아래 관어대가 있는 강기슭이 유난히 아름다워 조선의 선비 서장성徐章聲이 남긴 한시 한 편이 새겨져 있다. 태화강변 말응정에 태어나 자라산 언덕에 생을 마감하는 전제는 자연 회귀이자 수구초심의 고요한 생애 설정이다.

국가정원교가 인접한 관어대는 세월을 낚는 강조江釣의 의미에서 한 발 더 나간다. 관어觀魚는 무욕의 마음으로 이미 고기를 낚는 목적보다는 여백이 훨씬 크다. 물고기의 유영과 나타나고 사라짐에 대한 의미를 자기에게 새기는 시간을 허락하고 있다.

봄이면 피어나는 매화를 가까이 다가가 만지듯 감상하는 것이 아니라, 산자락에 피어난 조춘早春 전령사를 멀리서 지긋이 바라보며 완상하는 간매看梅의 정신과 맥이 닿아 있다. 간매에 이미 '이마에 손을 얹고 멀리 바라보다'의 뜻이 들어 있다는 것은 햇살의 방해마저도 이겨내고 기어이 매화의 향기가 진동하는 봄의 세계를 본다는 뜻과도 이어진다. 노명서 시인이 '관어대에 기댄다'는 뜻은 작은 벼랑 1m도 안 되는 비석에 기대는 것이 아니다. 한 생을 고달프든 어찌했든 살아낸 한 사

람으로서의 회한도 있을 것이고, 시인으로서의 시적 자아로 지어낸 망막 저편의 세계를 지긋이 바라보겠다는 완숙한 의지의 표현일 게다.

그리 본다면 관어대 뒤 오산鰲山에 세워진 만회정의 내력 또한 만만치 않다. 조선 명종 때 관리 박취문朴就文(1617~1690)이 세운 정자 이름이 그의 호를 따서 '만회晩悔'라고 했다. '뒤늦은 후회'이니 그야말로 대중가요 제목 같지만, 인간적이기 그지없는 호 임이 틀림없다. 인간의 삶이 본디 후회로 점철되는 과정이다. "후회는 결코 앞서는 법이 없다."라는 말은 너무나 당연하지만, 우리 삶에 전해 내려오는 가르침의 근본에 자리한다. 시인 노명서의 시 세계 또한 생의 만년부를 자리매김하는 위치로 관어대를 정한 것은 오랜 성찰의 혜안이 자리 잡은 터라 본다.

그러면서도 시업 앞에 서는 노 시인의 자세는 진지하면서도 조심스럽다. 서시라는 오프닝을 통해서 시인이 둘러싸인 환경과 시를 쓰는 성찰과 도구에 대한 고백은 시니컬하기까지 하다.

손대면 베일 것 같은 세상
유배일까?
소풍일까?

욕심 없는 삶은 무의미할 것 같고
또한 과욕을 막을 수 있다면
그것 또한 욕심이겠지

세파에 켜켜이 쌓인 더께
오늘따라
가사 없는 노래 부르며
장단 없는 춤을 추고
털 없는 붓을 들고 그림을 그리며
흑심 없는 연필로 시를 쓴다

때 묻은 시간 속
술잔에 뜬 달 눈물 훔치더니. 그
눈물 씨앗이 밑거름되어
마음의 문을 두드려
마음을 훔치려 합니다

—「서시」 전문

유배일까 소풍일까, 가사 없는 노래, 장단 없는 춤, 털 없는 붓, 흑심 없는 연필처럼 반어적 시어 사용은 다소의 파격이다. 노명서 시인이 차라리 비장하게 때 묻은 시간이라며 규정하고, 자신이 살아내고 있는 세상을, 맨 정신으로는 살아가기 힘겨운 마음의 행로임을 자인하는 대목은 공감하지 않을 수 없다.

하얀 찔레꽃, 어쩌면 그 서러운 향수에 코를 대어 본다

시인이 계절을 그냥 맞고 보낼 수는 없다. 계절의 향내를 먼저 맡아내고, 또 음각하듯 언어의 행간으로 불러 앉히는 일은 시인의 자발적 노력의 일단이다.

더구나 봄은 새로운 것들로 가득한 캔버스다. 시인

이 시의 붓을 들고 나서지 않는다면 시심을 잃어버렸다고 힐난받아도 할 말이 없으리만치 온갖 것들이 아직 채 녹지 않은 땅을 뚫고 솟아나는 계절이다.

살을 에는 새벽녘 옷고름 풀어
보일 듯 말 듯 고운 모습
소리도 없이 아지랑이 불러
학수고대하던 은잔대 흔드는 심마바람
인사성 밝은 수선화
동네 어귀 고결하게 곱게도 피었네

양지바른 울타리
기대어 졸고 있던 개나리
어린 새 고개만 갸우뚱갸우뚱
마주친 낯선 얼굴

그리움이 얼마나 깊어서며
가지마다 목필 들고 가슴속 묻어둔 사연
써 내려가는 북향화北向花 순수한 자태
보는 이, 눈 호강 시키는 와인 빛 사랑

—「봄 마중」 전문

봄이 오고 있는 골목, 봄소식이 저 멀리 남쪽에서부터 들려오기 시작하는 2월의 끝자락쯤 되면 잔설도 녹고 고로쇠 물이 오르고, 매화가 벙글고 있다는 소식의 문을 연다. 들판으로 나서는 봄 처녀는 아낙들 틈에서 겨우내 뿌리박았던 냉이를 캐고 채 자라지 못한 쑥을

도려내며 봄 마중한다. 검은빛 일색이던 버들가지도 춘색이 오르기 시작하며 연둣빛 옷을 갈아입으면서 무거운 겨울 외투는 거추장스러워지기 시작한다.

그럼에도 봄은 온전한 손을 내밀지 않는다. 봄이 올 듯 올 듯하는 길목에 '춘래불사춘春來不似春'의 차가운 시간이 복병처럼 기다린다.

점령군처럼 버티고 앉아 있는 겨울
속마음 들켰는데
애써 감추려고 다시 봉인한 하얀 눈
세상을 덮고 시치미 뚝 떼고 있네

물러날 때 슬그머니 물러나면 좋으련만
매번 방문해도 수취인 불명
꽃샘추위로 방어전선 재구축하고
메시지 남겨도 연락이 없네

기다림 익숙한 순풍의 자연스런 방문
죽은 듯이 있다 봉함 뜯자
쏟아지는 봄 이야기
새싹들 파릇파릇 눈을 뜨고 흩날리는 환호성
아지랑이 숨소리 보고 싶은 얼굴
여기저기 짝지어 신혼여행 떠나는 새들

등기우편 받아 든 봄날 아침의 환희

—「봄은 등기우편으로 온다」 전문

몇 번의 꽃샘추위를 미련처럼 남기고서야 산야는 떠나는 길손과 새로 오는 빈객의 색깔로 부산해진다. 봄의 서사는 회화적이고 서정적 접근으로 비로소 봄 빛깔이 완성된다는 등기우편이 와야 확정적이다. 회화적 비유의 기본 물감이 진해지고 초록으로 가는 연둣빛이 엷어지면서 계절은 몇 크리크씩 좌표를 이동해 간다.

경상도 쪽에서 '심마바람'이라 부르는 남풍이 불기 시작하면 아지랑이 흔들리고 사람 사는 길섶에는 수선화도 피어나고, 빗지 않은 머리칼처럼 부스스하던 무심한 넝쿨에 노란 꽃이 피어나면 그제야 개나리가 노란 연대의 존재를 내세운다. 오는 봄 마중에 나서는 최고의 진객은 역시 목련꽃이다. 시인은 그리움이 너무 앞서서 가지마다 목필木筆을 들고 서 있다 했다. 목필은 목련꽃 봉오리가 아직 벙글기 전에 붓끝처럼 맺어 있는 모양새를 두고 그리 부른다.

목련이 지극한 그리움이나 못다 한 사랑으로 상징되지만, 꽃 피우는 시간에는 그늘진 북쪽을 향한다고 하여 북향화라 한 것까지 불러낸다. 조선왕조 시대에 그 얼마나 많은 선비들이 귀양을 가며 유배를 가서도 임금 계신 북을 향해 변치 않는 충절을 노래했던가. 「임오유월일기」에 따르면 명성황후가 임오군란으로 목숨을 건지기에 위태로워 궁궐을 빠져나와 충주 노은 땅으로 50여 일 피난 가 있으면서도 매일 같이 국망산에 올라 고종 임금을 그리워하며 조정의 소식을 기다렸다는 사연을 떠올리며 그 마음을 전하는 꽃으로 든다면 북향화, 핏빛 자목련이 이에 딱 어울릴 거다.

봄바람이 두견화를 피우며 온 산천을 붉은 기운, 핫핑크로 물들여도 때때로 다가오는 봄 가뭄은 농투성이의 애를 태운다. 두견화의 고운 순정을 주체하지 못한 욕정과 유혹 끝에 불 질러버린 바다라고 완상 하는 것이 사치라도 되는 양 모두 걱정이 가득하다.

보름달 숨겨놓은 어두운 밤 가로질러 비가 내리네
느슨한 간절기 틈타 경계선 뚫고
샌드위치 패널 지붕에 음반 두드리듯
몸과 마음의 누더기 씻어 내리네

세상과의 단절 말문조차 닫아버린 동토의 땅
"흙 다시 만져보자, 바닷물도 춤을 춘다"
광복절 노래처럼
남루한 마음 풀어 소곤소곤 이야기 나누며
산불 지킴이 걱정스러운 눈빛 위로하고
앙상한 나뭇가지 끝 잃어버린 기억들
향긋한 향기 머금고 미소 띠네

덩달아 마음만 부산해진 농부 가슴에도
어린 손주 첫걸음마처럼 넘어질 듯
다가와 품에 안기는 빗소리
가난한 마음의 추녀 끝 쓰다듬으며
언덕 위 조그마한 예배당 종소리
들려오듯 밤새도록 내리네

—「봄비 젖은 예배당 종소리」 전문

그렇게 기다리던 비가 어두운 밤에 방문했다. 얇은 지붕을 통해 전해오는 그 두드림은 타악의 음계로 느껴질 법도 하다. 사과밭을 경작하는 시인도 반가움이 오죽했으면 광복절의 노래 일단을 인용하면서까지 덩실덩실 춤을 췄을까. 산불 지킴이들의 노심초사도 걱정을 덜게 되었으니 다행일뿐더러, 타들어 가던 농심 또한 비에 젖어 생기를 되찾게 된 기쁨을 표현했다. 손주의 첫걸음마처럼 소중하다고 느낀 단비에 예배당 종소리마저 비에 젖어 더 나직하게 들렸을 터이다.

아지랑이 몸을 흔들며 피어나는 들판, 할머니 댁 가는 길 산모롱이에 핀 찔레꽃, 시오리 학교길을 오가다 보면 녹아 흐르는 질펀한 봄물 길섶에 핀 하얀 찔레꽃의 기억은 강렬하다.

할머니 집 가는 산모랭이
곱게 핀 찔레꽃 흰 수건 쓰고
어서 오라 반기시는 할머니 닮았네

… (중략) …

오솔길 따라 비틀비틀
푸념 늘어놓은 바람
못난 손주 마음
연약한 몸으로 한결같이 보듬어주네

한참 지나 뒤돌아보니
혼자 손 흔드시는 할머니
이슬 젖은 밤 하얀 웃음으로

—「찔레꽃」 일부

찔레꽃으로 제4시집의 서막을 여는 노명서 시인의 가슴은 설레는 시간을 지나와 버린 이의 쓸쓸한 감정으로 가득하다.

일제 강점기를 견뎌내야 하는 삶의 길목을 지켜준 강인한 꽃이거나 민초의 생명력을 지닌 꽃의 이미지에 더하여 찔레꽃은 배고팠던 날의 기억을 되살려 주는 추억의 하얀 꽃이다. 찔레꽃 새순을 꺾어서 단물을 빨던 날은 유소년 시절의 그 시대 아이들에겐 잊을 수 없는 하얀 꽃이다. 청솔가지를 꺾어 때면서 밥을 짓던 할머니가 둘러쓴 머릿수건, 바래도록 썼어도 찔레꽃 닮은 할머니의 하얀 수건, 사립문 밖에서 멀어져 가는 손자를 보내며 눈물짓던 할머니의 하얀 웃음에 가린 눈물 자국이 선연하다.

노명서 시인의 로맨스는 눈물짓는, 이루지 못한 첫사랑의 상실 그 자국만 있는 것은 아니다. 자신의 젊은 날 연애담이 바람결에 아내의 귀에 들어가 속상하게 한 게 아닌가 궁금하지만 속내를 보이지 않는 아내 때문에 멋쩍어한다.

… 말없이 흐르는 아내의 눈물 속/ 어릴 적 풍문 머물고 있을까/ 눈물 닦아 몰래 가만히 들어다보네/ 혹, 묻어나올까/ 호기심/ 아무리 들여다보아도 알 수 없고/ 뜬금없는 싱거운 사람// … (중략) … 이제 걱정이 앞선다/ 내 눈도 스치는 바람에 눈물이 흐르니/ 아내가 닦기 전/ 얼른 내가 먼저 훔친다/ 도둑놈 제 발 저린다 하더니,

—「풍문」 일부

이 나이에도 풍문과 소문은 무서운가. 주황빛 홍시 하나 그냥 넘기지 못하고 '그리움에 그리움을 포갠 채 그대를 바라볼 수밖에 없는' 따스한 성정에 청춘의 로맨스 하나 없다는 것도 억지스럽다. 혹여 아내가 알고 눈물 흘릴까 봐 걱정하는 마음, 내 눈물부터 먼저 감추고, 이제 도둑이 제 발 저린 게 아니냐고 자백하는 그 마음이 차라리 귀엽기 조차하다.

노명서 시인이 바라보는 자연의 사계절은 의인화를 거치기도 하고 해학적이기도 하여 팽팽한 긴장감이 상큼하다.

강둑길 버드나무 시커먼 줄기
실개천 얼음장 밑 물소리 닮았네
겨울 녹여 기지개 켜는 봄
물관으로 펴 올려
소녀의 탱글탱글한 얼굴빛 미리 보네

지칠 줄 모르는 더위
구순 노인 물음표 짚고 걸어가다
내 평생 이런 가마솥 찜통은 처음이야
구시렁거리는 낱말 짝 맞추는 땡볕
주춤주춤 지팡이로 낙관 찍으며 가시네

허우대 멀쩡한 고춧대
쑥스러워 숨은 붉은 얼굴
익어가는 가을 위 고추잠자리 겹눈으로 비행하다.
홍고추 유혹으로 고추지지대에 안착하네

나뭇가지 타는 아궁이
지난여름 벌써 그리워 속절없이 활활
끊임없이 굴뚝 따라 창천蒼天으로 몽글몽글
또 한해가 저녁연기 되어 날아가네

—「사계四季」 전문

노 시인은 사계에 있는 특징적인 몇 가지의 소재로 본질을 말하려 하고 있다. 겨울은 검정이 베이스에 깔린다. 나목도 검정으로 차갑고, 얼음장 아래를 흐르는 물은 무채색으로 차갑다. 봄이 기지개 켜야 비로소 연둣빛을 띠게 된다. 여름날 찜통더위는 노인의 말을 통하여 입증한다. 지팡이를 물음표로 표현한 해학이나 구시렁거리는 낱말 짝 맞추는 땡볕 같은 표현은 낯설지만 신선하게 느껴진다. 붉은빛으로 표현되는 가을은 배회하는 잠자리와 좀처럼 서 있는 고춧대 사이로 드러나는 홍고추의 붉은 유혹으로 배색을 정렬한다. 겨울 아궁이에 타는 마른 솔가지는 여름날 그 열기를 그리운 듯하고, 푸른 하늘로 몽글몽글, 때론 연기도 언채로 날아가는 추위를 그려내기도 한다.

노명서 시인은 빗물이 계류를 이루고, 강물이 되어 종국에는 바다로 가는 그 생명 순환을 어쩌면 동학적 생명관으로 관조하기도 한다. 폭포에서 떨어져 윤슬을 이루는 물의 살비듬을 인생의 행로로 이해하기도 하고, 갯바위에 와서 부딪히는 반복의 질서를 '그리움 베어 문 파도'란 절묘한 표현(「인생길」에서)을 골라 인생 역정에 비유하기도 한다.

가을의 끝자락에서 만난 은행잎을 노란 딱지 과태료로 비유하면서 여의도로 상징되는 국회의 난장판에 노랗게 질려버렸다고 실토하기도 한다. 그 또한 시절 인연이라고 세상 떠난 여가수의 '노란 샤쓰입은...' 그 노래를 쓸쓸하게 불러가며 '바람이 불면 노란 조각들 세월 머금고 함께 몰려가며 인생 줄거리 편지를 쓰네'(「편지 쓰는 은행잎」에서)라고 자신을 위로한다.

노 시인의 소년기를 키워준 교정이 그리도 좁아 보이고, 우물터와 노거수가 있는 모교의 치술령 아래의 추억을 되새기며(「백주년 기념 시」에서) 한 해를 보내며 마주 앉은 동창생들과의 술잔은 주거니 받거니 하는 교감이 깊어진다. '… 아직 봄빛 남아 가득 젖은 저 눈빛/ 입술이 서로 닿아 두터워진 술잔에/ 깊어지는 우정 찰랑찰랑/ 유년의 시간들이 넘쳐흘러 하나씩 줍는데/ 심술처럼 다가오는 영업시간 종료'(「그리움 찾아 저마치

가는 추억」 중에서)가 그저 아쉽기만 한 나이다.

노 시인의 냇물이 계류를 지나 윤슬을 만들 때 그 또한 '마지막 굴곡진 햇살 몸부림치는 윤슬'이라 하며 인생 여정처럼 마음먹은 대로 흘러가지 않는 것이 닮았다고 토로한다. '옛사람 보고 싶을 때/ 지구를 발가락으로 움켜쥐고/ 파란 하늘 붙잡고 허리춤 추는 코스모스 길/ 돌부리 걷어차며 물 제비도 띄워보자'(「햇살을 목말 태우고」 중에서)며 호주머니 손 넣고 휘파람 불며 바닷길을 혼자 걷자고 한다. 그는 저 허허바다의 수평선을 향하여 "세상이 왜 이래? 이게 뭐야?"라며 혼자 중얼거리지 않을까.

현실을 외면하지 못하는 강직한 시대정신의 분화

제2부의 제목 '지하철'이 던지는 의미가 만만치 않다. 노명서 시인은 자연을 완상함에도 추억의 요소를 배경으로 삽입했고, 스치는 바람 한 올, 내려 비치는 햇살 한 줄기에도 삶의 향취를 담는 서정을 노래했다. 그러나 현실의 거리는 찬바람이 불고, 정치의 현장은 견딜 수 없는 걱정거리를 던져 주고 있다. 마주치는 사물마다 페이소스가 넘쳐흘러 마음을 건사하기가 버거울 정도다.

오일장 장터 한쪽 어물전을 지켜보며 시인은 간잽이 생선의 운명을 측은하게 여긴다.

물너울에 젖은 눈빛
무엇을 찾을까
깨어진 파도의 조각
주워 담는 소리에 몰려드는 장꾼

어젯밤 막배타고 왔노라고
물 때 좋고 입담 좋은 좌판
오금 저리는 현란한 칼의 노래
오일장 제압당하고
단두대 붉은 잉크 흐르는 상형문자

바다 누비고 다닌 죄 밖에 없는데
할 말이 많아 두 눈 감지 못한 채
박음질하는 소금꽃 장식
통성기도도 없이
검은 비닐 수의囚衣 옷 넘어
그리움이 퍼지는 고향 바다 향기

—「칼의 노래」 전문

오일장에 어김없이 성업하는 곳은 어물전이다. 어물전 사내는 온몸에 비릿한 바다냄새를 달고 살아도 입담만큼은 재바르다. 생선의 숙명이 시시각각 생물의 가치를 잃어가기에 해 떨어지기 전에 좌판을 비워야 하는 조급이 있다. 자고 나면 문 앞까지 배달되는 시대에도 어물전 생선을 찾는 시골장은 생선 토막이 올라야 밥상이 완성되는 오랜 입맛과도 맞닿아 있다. 아낙들은 더는 생선 내장을 들어내거나, 머리토막을 집으로 가져가지 않는다.

어물전 사내의 도마는 단두대가 된다. 생선이라고 피가 검붉지 않을 리 없다. 살아있는 것의 운명, 이미 경직이 와 있는 생선의 몸이지만 눈은 감을 수가 없다. 평생 뜬눈으로 살아와 자신이 난도질당하는 모습을 봐야 한다. '바다를 누비고 다닌 죄밖에 없는데' 철저하게 '을'의 운명으로 누워 살신 공양한다. 무심한 장바닥에서 소금으로 방부처리 되고 비닐봉지 '검은 수의'에 싸여 마감하는 어떤 생애, 그걸 '약육강식'이라 말하지 마라. 동학의 사상에 녹아 있는 '이천식천以天食天', 서로 하늘 같은 존재들끼리 먹여주고 사라지는 천지 순환에 기운을 감응의 한 과정으로 받아들여야 세상은 고요해지는 법이다.

노명서 시인은 제4시집의 문패인 태화강 관어대까지 느린 걸음으로 걸어 나왔다. 은하수 다리 아래 오산은 여여하나 나지막하고, 관어대 표지석 아래는 태화강물이 맑다.

> 국화꽃 향기 띄우는 날
> 관어대 그 자리 퇴색된 낙엽 홀로 앉아 있네
>
> 봄 마중 가던 그 마음 변했을까
> 물고기도 서로 만나 노니는데
> 믿지 못할 사랑 믿었던 이 죄 메아리로 남아
> 사랑도 청춘도 꿈도 아스라이 흘러가네

눈물보일까 고개 숙이니 인사인 줄 알고
떠나간 낙엽
사방 두리번거려도 보이지 않네

나는 옛 사랑에 왜가리는 물고기에 흔들리고
바람에 흔들리는 잎새 앉은 풀벌레 울음소리
시절 인연이 소중하다며
조각난 시린 마음 한없이 보듬어주네

물고기 한 마리 승천의 몸짓을 한다

—「태화강 관어대에 기대어」 전문

흘러가는 강물을 바라보는 노 시인은 낙엽의 자리에 선 자신을 되돌아본다.

흡사 조선의 선비이자 관리였던 박취문이 자신의 호를 '만회', '뒤늦은 후회'라고 짓고 정자를 지으며 생을 뒤돌아보았던 그 심정과 하나도 다를 바 없다. 수많은 시인 묵객들이 대숲이 우거진 풍광에 그저 취한 게 아니다. 작은 바람에도 회오悔悟의 목소리를 내듯 쇄아쇄아 소리를 내며 불어오는 댓바람 소리는 취명처럼 가슴을 때리고 또 때렸을 것이다.

옛사랑을 떠올리는 것이야 인간의 만단정회萬端情懷를 계량할 수 없는 그 눅진함 때문이겠지만, 희롱하는 듯한 물고기의 유영에서 못다 이룬 사랑을 믿지 못할 사랑 믿었던 죄라고 단정하면서도 혹여 눈물이 보일까 염려하는 모습은 회고의 풍경치곤 참 쓸쓸하다. 그래 그것도 인연 다한 귀결이라고 사위를 에워싼 왜가리,

물고기, 흔들리는 잎새, 풀벌레 울음까지 다 위안으로 받아들인다. 마지막 행 '물고기 한 마리 승천의 몸짓을 한다'라는 말은 왜가리의 부리에 생을 마감하는 엄연한 생명의 귀결을 목격하는 순간, 감상에 빠진 자신을 건져 올리는 한 문장이다.

이제 노명서 시인의 눈은 현실의 무대로, 구체적으로 다가선다. 정확히 말하면 다가서려고 해서 서는 게 아니라, 너무나 한심한 정치 현실에 발목 잡힌 대한민국을 피할 길이 없어서다.

쑥, 마늘 먹고 차린 신혼 오천 년 거목巨木되었네
귀여워 내어준 팔다리 어깨 타고 오르는 덩굴
끝내 상투 잡고 목을 오르네

허물 볼일 땐 시도 때도 없이 벌떼처럼 달라붙어
내 치부 감추려고 네 살점 물어뜯으며 칭칭 감아
부추기는 몰염치한 정객政客들의 이전투구泥田鬪狗
선혈鮮血로 물든 여의도
우뚝 선 무궁화 화병에 힘들어하네

민족의 무대 위 제 밥그릇 오욕에 목청 올리는 개털
오케스트라 공연에 꽹과리 치는 선무당
공감은 간데없고 갈등만 출렁이네

열쇠 잃은 절망의 벽
공존 속 갈등 있고 진실 속 고통 있듯이
칡葛등藤공감 찾는 술래가 될까

어둠 뚫고 목청 끝 불러오는 저 절박한 장닭
선한 세상 다시 펼쳐질 밝은 해가 뜰 거야

—「속앓이 하는 거목」 전문

노 시인의 목소리는 사랑과 인생의 회고를 이야기하던 톤이 아니다. 은유와 직유의 적확한 비유로 말하던 시의 행간이 아니다. 현실 정치와 이 나라의 운명을 걱정하는 우국의 심사가 온통 분노로 버무려져 있다. 곰과 마늘의 신화에서 출발한 반만년의 역사가 지금 바람 앞의 등불처럼 사위어가는 현실을 지켜보고 있노라니 견딜 수가 없는 게다. 비단 노 시인의 목소리만이 아니다. 가난을 숙명으로 여기고, 보릿고개의 허리띠를 졸라매고, 고무신을 기워 신던 세대, 이른바 전쟁 세대로 대동아 전쟁(태평양 전쟁)시대를 부모에게 듣고 6·25 전쟁에서 유소년기를 보내고, 베트남 전쟁으로 청년기를 치러낸 세대, 부모를 봉양하고 자식을 키워내면서도 연금도, 보험도 생의 후반을 준비조차 못 한 세대에게 지금 여의도에서 벌어지고 현실 정치는 그야말로 염치없는 사회의 비극을 제대로 보여주고 있다.

퇴행의 그림자는 칡넝쿨의 목조르기를 넘어 외래종 가시박이 대한민국이란 성채를 점령한 거대한 죽음의 그물처럼 느껴지는 것도 무리가 아니다.

오케스트라의 화음으로 고요한 선율의 미세한 떨림을 감상해야 하는 시간에 꽹과리 치는 선무당이 활개

치는 꼴을 목도해야 하는 심정을 어찌 표현해야 할까. 칡넝쿨과 등나무 가지의 얽히고설키는 갈등 지수 세계 1위의 국가로 전락한 현실, 청년 자살률 세계 1위, 노인 자살률 세계 1위란 오명은 아무리 '극단적 선택'이라고 용어를 순화해도 국민소득 37,000달러 국가로 성장하게 된 오늘이 신기할 지경이다.

주먹으로 코피만 내지 않았지, 선혈이 낭자한 여의도, 난도질보다 더한 법 만능주의로 편 가름하는 다수의 공포정치, 이를 견뎌야 하는 대한민국을 「속앓이 하는 거목」이라고 시인은 순화했지만 이미 속앓이가 아니라, 암소癌巢가 밖으로 드러나 외과적 처치가 시급한 명재경각命在頃刻의 시간 위에 서 있다. 정치가 국민을 걱정하는 게 아니라, 국민이 정치를 걱정해야 하는 '삼류의 시간'이 이미 꽤 길게 진행 중이다.

그러면서도 장닭의 긴 목울음과 회 치는 새벽을 고대하며 희망의 끈을 놓지 않는 건강한 기원으로 격노를 스스로 잠재우는 어른다움에서 비롯된 저력이다.

시인의 눈은 어김없이 정시에 출발하는 기차역의 풍경으로 옮겨가 머문다.

역사驛舍와 역사歷史는 한글 종씨지만 중의적 표현이 담겨 있다. 기차역 벽시계의 정확은 비정하리만치 '정시 출발'이다. 기차의 시간은 빠른 도착은 있어도 늦은 출발은 없다.

출발과 도착 만남과 이별의 두 얼굴
어른거리다 사라지고
날짜 지난 기차표
시간을 기억하지 못한 채
휴지통에 길게 누워 잠들어 있고

그리움과 사랑
기쁨과 슬픔
마중과 배웅
가슴 활짝 편 사람과 웅크린 사람
환한 웃음과 걱정스런 표정
모자 덮은 노인의 얼굴 딱딱한 의자
함께 잠재우는 조명등 불빛
깜빡깜빡 자장가 부르고
상반된 이마 맞대고 함께 살아가는 곳

한 치의 오차도 용납할 수 없는 이념의 평행선
왼쪽 오른쪽 서로의 몫 인정하며
두 어깨 올라서서 국민 열차 달리고 싶다
녹슨 철길 반짝반짝 눈부시게

기적 떠난 역사
하루 흔적을 지우고 또 새 아침 여는 괘종소리

—「역사驛舍 벽시계」 전문

이별과 상봉이 교차하는 공간, 역이다. 파발마가 달리던 공간을 대체한 역은 육중한 기관차의 성능으로 정시 출발이라는 문법을 체득했다. 대합실의 표정은 인생의 표정만큼이나 각양각색, 기쁨과 슬픔, 기대와 실망의 그림자가 혼재한다. 무표정을 감추려는 사람의 눌러쓴 모자와 깊은 마스크는 더 슬프고, 욕망마저 잃은 이들의 행색이 더 안타깝게 맞이방의 공기를 습하게 한다. 거기 노숙자의 표정은 박제되어 있다.

'… 한때는 가족이란 이름 아래 식탁에 둘러앉아 웃음꽃 피웠었지/ 여줄가지 위해 아낌없이 살점 하나 다 내어주던/ 소나무 껍질보다 거칠어진 손/ 옹이처럼 손가락 마디마다 앙상한 뼈를 덮은/ 주상절리처럼 가죽만 말라붙어 감싸고 있네'(「노숙자」 중에서)라고 노숙자의 행색을 묘사한다. 노숙자의 땟국 절은 이불 한 채는 세상 사연을 덮어 한없이 무겁고, 한 시대의 화양연화는 어찌 종착역까지 밀려와 말이 필요 없는 불립문자不立文字로 떠나갈 준비를 한단 말인가. 시인의 눈에는 이 대목쯤에서 눈물이 앞을 가렸을 것이다. 그러나 고갤 돌려 손수건으로 찍어내며 결코 만날 수 없는 철로의 평행선을 질타하며 기어이 손 내밀어 서로를 안아주어야 한다고 전철수轉轍手의 깃발을 내보인다. 녹슨 철길에 새 아침의 해가 반짝반짝 빛나길 소망하며 괘종시계의 시보時報를 경쾌하게 전한다.

노명서 시인이 울산인임을 증거 하는 또 하나의 시는 태화강 하류로 옮겨간다. 태화강에 가장 먼저 놓였던 다리 '구삼호교'가 노 시인에게도 뜻깊은 다리다. 그 다리가 이제 늙어버려 휘청거린다.

근대화의 상징 아스라이 높은 굴뚝
성화처럼 솟아오르는 공단의 불기둥
불나비 되어 몰려든 젊은 가슴
묵묵히 건네주던 교
백 리 길 굽이치는 청옥빛 물결에
발 깊숙이 묻고 늙어버렸네

두 눈 뜨고 있는데
짐승으로 덤벼드는 왜구
민족의 수난 지켜보며
물속에 뜬 달님께, 그
서러움 얼마나 하소연했을까
그 얼마나 울분 토해냈을까

엄동설한 매섭게 몰아치고 거센 홍수에도
온몸으로 견뎌온 백 년의 세월
학슬풍鶴膝風에 다 망가진 몸 추슬러
태화강 맏형으로 마지막 봉사의 길
또 하나의 역사 속
달빛처럼 쏟아내는 추억의 향기

—「구舊 삼호교의 추억」 전문

구 삼호교는 1924년생이니 100세를 넘겼다. 울산 최초의 근대식 교량이다. 사료적 가치가 인정되어 국가등록문화재 104호로 지정되었다. 230m의 길지 않은 다리지만 서울의 한강 교량 중 2번째로 세워진 광진교(1936년), 낙동강 최장 교량 구포교(1932년)보다도 빠르게 건설되었다. 당시 울산이 그저 한가한 어촌에 불

과했는데도 이렇게 일찍 놓인 것은 부산에서 함경북도 온성에 이르는 7번 국도의 연결을 위해서였고, 일제의 대륙 침탈 야욕과 맞닿아 있었다. 편도 1차선 도로라, 차 한 대가 지나가면 다른 한 대는 기다려야 했던 시간이 1970년대까지도 이어졌다. 시인에게도 추억의 다리는 공업 입국의 한국을 세운 기둥, 그 산업 전사를 건네주었던 다리, 일제 강점기에 세워져 유린당하는 강토를 지켜보았을 신고辛苦의 세월에 대한 안타까움도 크다. 100년을 버텨왔으니, 무릎이 성할 리 없다. 이른바 퇴행성 관절이라고 할 수 있는 학슬풍鶴膝風을 앓고 있다고 안타까워했다. 2025년, 그 역사적인 다리의 상판이 무너졌다. 홍수에 견디지 못하고 주저앉아버려 울산 시민이 모두 안타까워한다. 다행히 근대사적 가치와 울산 시민의 사랑을 받아 철거가 아닌 교량 보수로 생명을 잇게 되어 다행이다.

1970년대까지만 해도 태화강 건너 삼산동과 신정동 일대 강변은 갈대밭이 무성했다.

울산 출신 가수 윤수일이 히트한 국민가요 「아파트」의 가사는 자세히 뜯어보면 태화강변의 갈대숲은 연상케 한다.

'별빛이 흐르는 다리를 건너/ 바람 부는 갈대숲을 지나/ 언제나 나를 언제나 나를/ 기다리던 너의 아파트/ (중략) 흘러가는 강물처럼/ 흘러가는 구름처럼'(「아파트」 가사 중)

누구는 개발 전의 압구정동 풍경이라고 이야기 하나,

윤수일 본인이 직접 작사, 작곡하고 노래까지 부른 터여서 울산의 풍경을 머릿속에 두고 있었음이 틀림없다.

노 시인은 옛 시인 묵객들이 유랑하듯 명산 명승을 탐승하듯 명소를 다니면서도 시속時俗에 맞는 소회와 바람을 시로 남겼다.

남도 향기 싣고 달려오다 혼절한 기적소리
아직 산천은 선명하게 기억하는데. 그
푸른 기백 벗어놓은 매미의 누더기 옷 한 벌에
구수한 사투리 사람 냄새 물씬 풍기는데
숨소리마저 울다 멈추었네

섞은 이념의 기싸움
새우 등 터지는 소리에 무심한 세월만 흐르고
염원이 녹으로 허물어진 사지
숭숭 뚫린 가슴팍 헛바람만 지나가고
저 기차타면 먼 옛날 그날로 당도할까
흙 돌담길 골목 들어서면
늙으신 부모님 만날 수 있을까

망원경 눈동자에 새겨진 두루미 떼
유유자적悠悠自適 한가로운데
흰 구름은 바람의 손잡고 오고 가는데
기~인 세월 얼마나 더 기다려야 할까
월정리 역사驛舍 기적소리 가득 채워지는 날
6월이 오면 더욱 그리워지는 산천

—「멈추어 버린 월정리 기적소리」 전문

시인은 남방한계선에 가까운 월정리역에 발길이 닿았다. 경원선 철도가 휴전선을 넘어서지 못한 마지막 역, 분단은 견고하고 철새만 넘나드는 풍경에 장탄식 한다. 오죽했으면 '혼절한 기관차'라 했을까. 정작 분단의 빗장이 채워지던 때 기관차는 북으로 남은 객차도 75년 세월에 녹슬어 주저앉기 직전이다. 이념은 무엇이고 한 묶음이어야 할 한반도가 두 개의 적대적 국가로 주저앉았는가에 대한 회한과 통일의 소망이 너무나 간절해 애처롭다.

종전이 아니라 휴전이 불완전하게 지속된 이 땅에 철원평야는 오대쌀을 생산하는 내륙 곡창이면서도 '… 숨결마저 제대로 쉴 수 없는 금단의 땅/ 한반도 심장 짓밟고 핏물 적신 산야/ 그 참혹함 그 아픔 너희들은 아느냐/ 지우개 뺏어간 열강 논리에/ 선하나 지우지 못하는 민족의 초라함// 풀 한 포기에도 두 동강 난 어깨 위로 우는 바람/ 할 말 너무 많아 노을 움켜잡고/ 속이 타는 철원평야'(「철원평야의 고백」 중에서)

시인은 강원도 원주 「소금산」에서는 흔들리는 산야, 산협에서 까맣게 걸린 잔도 위로 개미처럼 오가는 행락객과 중앙선 기차도 고속으로 오가며 사행하는 섬강 물길을 감탄하기도 한다. 부산 철마산 「아홉산 대숲길」에 난 구갑죽을 보며 환생한 거북이 모여 산다고 하며 대숲에 이는 바람을 율려律呂의 가락으로 표현하며 완상玩賞 하기도 한다.

저 먼 남쪽 바다에 가서는 욕지도에서 수백 년 겹겹

이 묻은 사연을 알고도 묵묵히 지키고 있는 '팽나무의 하루하루'를 고된 일기로 상찬해 마지않는다.

신라의 고결한 정신이 담긴 뿌리를 캐어가며

노명서 시인의 정신세계는 불교의 색채가 강한 밑그림을 그리고 있다. 제3부를 신라의 뿌리라고 정할 만큼 독자적인 영역을 구축할 만한 의미를 지니고 있다고 단호하게 말하고 있다.

햇빛 실은 꽃수레 사랑 실은 봄바람
금잔디 위 살랑살랑
만리춘객萬里春客 설렘 가슴 두근두근
마음에 마음으로 이어진 발걸음 멈춰 세워
옛 숨결 듣고 있네
천 년 전 숨겨놓은 별
그리움 찻잔에 띄워놓은 첨성대
포석정 놀이터 춤추는 노송
옛 풍류 솔가지에 얹어놓고
양심 잃은 쾌락 난간대에 걸린 희미한 반월
서슬 퍼런 화랑도
마의태자 의지도
토함산 계곡마다 울부짖음
편자 없는 말발굽 소리 천년 사직 연기처럼 사라졌네
금오산 아래 펼쳐진 찬란했던 신라문화
천년 이어온 새싹들 십자성처럼 반짝반짝
온갖 사연의 더께가 돋아난
그 시절 그 아픔

한없이 보듬어주는 신라의 뿌리

—「신라의 뿌리」 전문

경주는 그 이름 안에 고고의 역사가 숨을 쉬는 곳이다. 거리마다 문화재가 산재하고 산자락 줄기마다 신라의 혼이 담겨 있다. 물론 그 바탕은 불교의 가르침과 불교의 상징물들이 자리하고 있어 신라 산책의 감동을 그대로 받을 수 있다. 첨성대의 별 관측, 포석정의 풍류, 반월대의 밤 풍경까지 걸음의 속도를 늦추는 만큼 전해오는 시적 감동은 억제하기 힘들 정도다. 그러나 왕조도 세상의 이치와 같아서 흥망성쇠의 길을 걷는다. 빛나는 역사는 영토 확장의 역사로 새겨지고, 신앙과 호국이 믿음 체계 안에서 견고해지며 만들어진 유형물은 수많은 불상과 탑파, 사찰과 불도의 흔적으로 남아 오늘에 전해진다. 역사의 마지막 꼬리를 쥐고 태어난 안간힘은 망국의 한을 고스란히 담아 천년의 마디를 지난 지 오래여도 잊히지 않는 전설로 우리 가슴에 새겨진다.

불국사로 옮겨간 시인의 발걸음은 「불국사의 풍경風景」이라는 시에서 '…먹물 쏟아 번지듯 짙어지니/ 바위만큼 무거운 세상// … (중략) … 푸른 새싹 헌사로 지나온 가을날/ 한 해의 발자취 고운 빛깔// 처마 끝 풍경소리 안개처럼 서라벌 덮고/ 퇴색된 단청의 인자한 모습 아래/ 다보탑 석가탑 그림자 나란히 길게 눕네'라면서 사양斜陽의 고즈넉한 풍경도 시의 캔버스에 고요히 새긴다.

통도사의 홍매를 만나서는 '부처님 사랑의 미소인가', '신라 낭자의 그리움의 향기'라면 가슴 뛰는 감흥을 드러내며 매화의 자태가 탐 · 진 · 치貪瞋癡 3독毒을 이겨낸 환희로 그려내 불가의 정수와 마주 대하기도 하니 '해탈의 꽃'이라고 해야 하나.

산사의 독경, 염불은 소리로 청아하게 퍼져나가 간구하는 깊은 뜻을 부처님 전에 바친다. 산사에 이는 바람마저도 불가의 용맹정진을 따라 배우는가, 시인의 예각은 시적 상상에도 그대로 반영된다.

스님 염불 소리인가 했는데
수행하던 바람
나뭇가지에 걸터앉아 경전 외우는 소리였네

천 년간 법문 듣고 자란
무풍한송로無風寒松路 왕소나무
이제 깨달음의 의미 아는 듯
붉은 장삼 걸쳤네

채워도 채우고 싶은 욕심
기도하며 또 더 달라하네
시주 나온 떠돌이 법종
번잡한 구업口業들의 거리
칠흑의 밤 한줄기 달빛처럼
사랑으로 귀를 씻어주고,

사찰 밖 소란스럽게 나부대는 광풍狂風에
목탁 소리 고삐 잡고
홍매화 그늑한 향기 산문 나서네

—「염불 소리」 전문

염불의 기원, 소리의 공명이 주는 부처의 기운을 속인俗人인 우리는 무조건 달라고 간구한다. 법문 듣고 자란 왕소나무의 붉은빛은 장삼에 걸치는 가사袈裟의 의미가 되고, 기복신앙에 매달린 사바의 중생이 사는 산문 밖은 구업이 넘치고, 견뎌내기 힘든 광풍이 불어 신심을 흔들 때 염불은 탁발승의 법종처럼 정밀靜謐이 깨어진 마음을 다잡게 하는 힘의 바탕이 된다.

큰 산 큰 절에 큰 부처님 사시는 건 아니라 해도 시인은 「통도사」라는 시에서 '새벽이슬에 몸 씻고/ 천년을 선정에 든 노송/ 긴 목 빼 들고 어서 오라 손짓한다'라고 일주문을 들어선 긴 솔숲을 예찬하고, '하늘 한 자락 가지에 걸치고/ 욕심과 부끄러움의/ 옷을 벗는 배롱나무/ 불심으로 수행한 매끈한 몸매'라며 불보사찰 통도사의 배롱나무마저 수행자의 모습으로 대한다. 다시 일상으로 돌아오면서도 홍매화 향기를 '그늑하다'라고 한 표현은 절묘한 시적 형용어로 빛난다.

시인의 산사 순례는 영남알프스의 한 자락에 드는 양산시 상북면 홍룡사에 들려서도 비구니의 푸른 머리 기운처럼 울어 예는 계곡의 물소리마저 '화엄의 목소리'라고 찬탄하는 재가 보살 수행자로서 포행을 기꺼이 하게 된다. 시 「갈망을 찾아서」에서는 얼음장 아래 흐르는 봄물이 정신을 깨우고 들개든 고양이든 세속의 것들을 떨치지 못해 신음하는 존재들과 절집 처마에 걸린 목어木魚 소리는 고향 그리는 해조음이라 말하며 법당에 촛불 켜고 미망迷妄을 쫓아내며 비로소 보이는 부처님 미소를 시인은 사랑하는 것이다.

불심 깊은 시인에게 절절한 사모곡이 어찌 빠지나 싶었는데, 어머니를 기리는 시 한 편이 눈에 확 들어온다.

새 이름표 달고 살아온 한 소녀
뚜벅뚜벅 걸어온 뒤안길 눈물 고인 자국마다
우리 형제 삶이 고여 있네
푸른 날개 접고 살아온 사연 얼마나 많았을까
꽃다운 열일곱 나이
심연에 묻어둔 안타까운 삶의 흔적
앞산 마루에 걸어두고
들리지 않은 가슴속 슬픈 노래
메아리 되어 얼마나 흘렸을까
눈에 밟힌 새끼 배곯을까 헐거워진 육신 부여잡고
앞 뒷산 오르내리며 에이는 아픔
옹이로 자란 것도 모른 채
자기 자신을 옹이로 지탱하며
호미처럼 휘어져 한평생 지우고 간 진밭 언저리
한 송이 꽃으로 핀 울 엄마
지천에 둔 친정집 하늘 넘어가는 노을
바라보던 눈빛 노을보다 뜨거웠지
진밭 이름표 달고,

—「진밭泥田 이름표」 전문

열일곱 처녀가 진밭으로 시집을 왔다. 마을 이름이 이전리泥田里다. 진흙밭이다.

고희를 넘긴 시인이니 그 시절 어머니의 삶은 시집 온 다음 날부터 집안일에 매이는 신세가 되기는 매일반이다. 보릿고개를 밥 먹듯 하며 없는 살림에 층층시하 시집살이에 주렁주렁 매달린 자식들 입 건사하는 일이 어디 예삿일인가. 평생을 호미와 벗을 하고, 밭두렁에서 젖 물리고, 새벽밥 지어가며 새끼들 키워낸 어머니는 그 존재만으로도 위대한 이름이다. 이제 저세상 사람이 된 어머니 산 하나 넘는 노을 저편에 친정이 있어도 바라만 보던 그 젖은 눈길, 그리고 진밭 한쪽에 묻힌 어머니다. 그 서러운 사연 아는 나이가 된 시인의 가슴은 형언할 수 없는 후회와 안타까움으로 점철되어 있을 것이다. 그게 이 시대의 늙은 아들이 기억하는 어머니의 초상이다. 아버지에 대한 태산 같은 든든함보다 고운 옷 한 벌 제대로 못 입고 떠나신 어머니에 대한 그리움은 가슴 저미는 본능일 터이다.

한 세대를 건너뛰면 어머니는 아내로 치환된다. 아내는 곧 어머니니까.

노명서 시인은 「연민」이라는 시에서 아내를 불러 세운다. '나목가지 바람 붙잡고 하소연하는/ 섣달그믐 늦은 밤/ 숙맥같이 이 못난이 기다리는 평생 친구 생각/ 군고구마 사 들고 집으로 간다// 강산이 네 번 바뀐 세월/ 생사를 동락한 동지이자 어머니다/ 세월 나이테만큼 헐거워진 삭신/ … (중략) … 새색시 시절 분꽃 향기 났었지/ 이젠 세파에 다 내어주고/ 나목처럼 홀로 기다리고 있겠지 … (하략) …' 평생 친구라 부르며 연인에서 동지로 바뀐 40년 세월을 안아본다. 분꽃 같던 아내가 두툼한 뱃살을 가진 아낙으로 바뀌었어도 거기에 시인의 생애가 들어있으므로 고구마가 식을까 봐 가슴에 안은 그믐밤 발걸음이 빨라지는 마음이 그려진다.

시인은 자연 풍경, 무심한 일상 하나에도 이만큼 살게 된 나라의 고마움을 절절히 토로한다.

… (전략) …

따닥따닥 타들어 가는 넋 잃은 몸부림
시뻘건 사력死力 그, 목소리
짙푸른 젊은 지난날 전설을 캐어
그리움으로 피워 올려 연기처럼 사라지네
그대 향기만 남기는 희나리

문 열면 왈칵 빛쟁이처럼 달려드는 미굼내
참빗으로 곱게 빗어 올린 머릿결
얽히고설킨 할머니 삶 향기처럼 다가오고
살아온 더께 황홀한 불꽃으로 돌아와
그리움의 그림자가 길게 눕는 저녁이다

—「희나리」 일부

희나리는 덜 마른 장작을 말하는 우리말이다. 청솔 가지처럼 연기를 내고 바람을 불어넣어야 불이 붙지만 일단 붙은 불은 맹렬한 화력으로 타오른다. 불 때서 밥하고 소죽 끓이던 날의 추억이라 세상 떠난 가족들이 떠오르는 건 당연하다.

「멀어져 간 삶의 조각들」에서는 산촌 소년이었던 시인의 화덕 같은 꿈조차 이끼 낀 세월이 지나갔고, 머리엔 서리가 내려앉았다. 「산다는 것은」에서는 별 헤는 소년의 꿈이 우주의 어디쯤 도달했을지 올려다보며, 계곡을 내부딪혀 살아온 생의 허연 속살도 결국 앞 물 따라 뒤 물에 떠밀려가는 것이라는 성찰에 이른다. 빈손으로 왔다 가는 생에서 '방하착放下着'의 의미를 다시 새기게 된다.

사랑과 향수의 속살에서 건져 올리는 노랫말의 향연

노명서 시인은 월간 『문학세계』에서 가요 작사 부분 신인상으로 당선되어 등단한 경력을 자랑하는 작사가이기도 하다. 문학 공간을 통하여 시로 등단하고 이미 3권의 시집을 내고 고운 최치원 문학상 시 본상을 받았다. 『한올문학』 수필 대상을 받고 관련 문학단체를 이끈 경력은 시인의 운문과 산문을 넘나드는 탄탄한 필력이 뒷받침되고 있다는 것을 말해 준다. 월간 『문학세계』가 문예 종합지로서의 사명에 걸맞게 대중가요 가사를 별도의 장르로 등용의 기회를 주고 있는 것은 대중가요를 부박한 유행가쯤으로 여기는 풍토에 일대 경종을 울리고 있음이 틀림없다. 시대도 달라졌다. 열린 음악회를 효시로 하여 가곡과 클래식의 무대에 크로스 오버되는 가요의 등판은 신선한 자극이 되어 정규 편성의 중요한 꼭지가 된 지도 오래다.

정두수 선생이 대중가요 가사를 '가요시'로 이름 붙임으로써 수준의 진폭이 큰 가요계의 작사 풍토에 이미 토대는 마련된 셈이다. '지금은 트로트 시대'라는 표현에 걸맞게 2019년부터 불기 시작한 트로트 열풍은 세대와 지역을 뛰어넘는 대한민국 문화예술의 아이콘이 되는 것도 사실이다.

저작권 질서가 확립되고, 저작권이 되는 시대가 되면서 작사와 작곡을 겸하는 행태가 유행처럼 밀어닥치고 있는 것도 현실이다. 물론 주옥같은 노랫말과 가슴을 녹이는 서정의 멜로디에 두루 통달한 가요인도 있지만, 가요계 원로들이 한결같이 한탄하는 부박한 가사의 수준으로 대중가요가 싸잡아 매도되는 지경에 이르러 있음을 자인하지 않을 도리도 없다.

그런 점에서 역량 있는 작사가의 출현은 가요계가 목을 빼고 기다리는 형편인 것도 사실이다. 노명서 시인의 가요시는 그런 점에서 풍성한 노랫말 저장고를 채우는 좋은 작품의 가능성을 열고 있다. 3분여의 제한된 시간에 제한된 멜로디의 영역에서 높낮이를 조절해야 하는 글쓰기는 이미지의 늘이기와 줄이기를 편안하게 할 수 있는 자유시의 구조와는 틀부터가 다르다.

봉선아

노명서 작사, 유정탁 · 로이 작곡, 김애령 노래

길 멀어 안 오시나
밤늦어 못 오시나
달빛은 밝고 밝은데
별빛 타고 오시려나
손끝에 동여매어
불어주던 그 입술
가슴에 남아 선명한데
봄은 멀리 있어도
내 사랑 그대
꽃밭에 다시 필래요

사랑 식어 안 오시나
눈멀어 안 오시나
기다리다 눈이 멀어
그대 잊을까 눈물 나오
손끝에 핀 봉선아
애타는 이 가슴에
무명실 자국 선명한데
봄은 멀리 있어도
내 사랑 그대
꽃밭에 다시 필래요
내 사랑 그대
꽃밭에 다시 필래요

노명서 시인의 「봉선아」는 이미 노래로 발표된 가사다. 안 오는 님을 그리워하는 주제야 대중가요에서 가장 보편적이지만 공통의 정서에 공감을 불러일으킬 수 있는 요소가 담겨 있다. 봉숭아 물을 들이던 양지바른 툇마루에는 따스한 사랑이 그대로 피어난다. 봉숭아잎을 이겨서 백반을 곁들여 무명실로 동여매어 주던 사랑, 어머니가 언니가 해주기도 하지만 열여덟 부푸는 가슴으로 사랑하는 이가 싸매주던 손가락 마디의 사랑의 온기를 어찌 잊을 수 있겠는가.

'봉선이'라는 이름만 해도 그렇다. 봉숭아가 꽃 이름이라면 봉선화는 서정의 이름이다. 비감한 일제 강점기의 가련한 연분홍이기도 하고, 영산홍꽃 빛깔의 진한 빨강이 바로 색감으로 발현된다. 그 이름 '봉선'을 그대로 받은 첫사랑 소녀를 '봉선아'하고 부르는 순간, 그 소녀는 무명 치마저고리를 입고, 하얀 버선을 신은 소녀로 가슴에 다가와 안길 듯하다. 내 가슴은 이미 만개한 봉선화 꽃밭이다.

노 시인은 작사가로서 역량을 더욱 펼쳐 보인다. 「사랑 지니 그리움 피네」는 시인도 아끼거니와 유명 작사가들이 인정한 작품이다.

사랑 지니 그리움 피네

노명서 작사, 유정탁 · 로이 작곡, 김애령 노래

내 맘속에 그대 모습 가득합니다

달콤한 그 말 한마디
처음엔 사랑인 줄 알았죠
얼마나 기다려야 하나요
얼마나 울어야 사랑이 피어날까요
사랑하면 피어날까 봐
기다려도 대답 없네요
대답 없는 내 사랑이여
그리움에 꽃이 피네요
내 맘속에 그대 모습 가득합니다
달빛으로 이어진 사랑
그것이 시작인 줄 알았죠
얼마나 기다려야 하나요
얼마나 사무쳐야 사랑이 피어날까요
기다리면 피어날까 봐
일편단심 기다린 사랑
사랑 없는 내 사랑이여
그리움에 꽃이 피네요
사랑 지니
그리움이 피어나네요

2024년 월간 『문학세계』에서 작사 부문 신인상을 받은 작품이다. 심사위원을 맡았던 유정, 송결 등 가요 인사들이 "사랑꽃이 봄꽃인 양 꽃 지고 이파리 나듯 사랑 지니 그리움 핀다고 했다. 지나고 나니 달콤한 그 한마디가 사랑인 줄 알았건만 얼마나 기다리고 울어야 사랑이 필런지, 가슴을 태운 심정을 애절한 감성을 호소력 있게 표현하고 있다."라고 평했다. 대중가요 가사가 시적 비유의 은근한 가림을 통하지 않고 가요 대중의 가슴에 편안하게 와닿을 수 있는 언어로 적절한 반복을 통한 화자의 감정을 새긴다는 점에서 시와는 다른 측면이 있다. 멜로디로, 그리고 화성학의 원리에 따라 작 · 편곡의 세계로 구현되어야 하는 율격의 엄격함도 배제할 수 없는 요소이기도 하다.

또 다른 신인상 수상작 「능소화」는 우리 주변에서 자주 마주칠 수 있는 주황색 꽃으로 쉽게 다가온다.

능소화

노명서 작사, 유정탁 · 로이 작곡, 김애령 노래

노을도 발걸음 멈춘 창 넘어
초승달 눈웃음에 흔들리는 마음
담 너머 능소화로 피어나던 너
내 사랑은 주황색 그리움이었지
너만을 사랑해 남기고 간 약속
벌써 잊었나 돌아올 줄 모르고
까치발 목을 빼고 능소화만 피어
하염없이 그리움에 눈물 나네

너만을 사랑해 남기고 간 약속
벌써 잊었나 돌아올 줄 모르고
까치발 목을 빼고 능소화만 피어
하염없이 그리움에 눈물 나네
하염없이 그리움에 눈물 나네

능소화 또한 작사 부문 신인상 당선 시의 심사평에서 유정, 송결 선생은 "초승달 눈웃음과 능소화 그리움이 어우러지는 사연이 사랑한다는 말을 믿고 목 빼고 기다리는 능소화의 모습으로 하염없는 그리움이 더욱 진하게 가슴에 파고든다. 가사 내용을 쉽게 이해하고 공감하며 대중들이 어울려 부를 수 있는 노래다."라고 말했다.

능소화가 궁궐이나 양반집 뜰에 피어나 사랑을 애잔하게 기다리지만 우아한 기품을 잃지 않는 모습으로 명예감을 드러낸 꽃이란 꽃말을 기억한다면 사랑의 기억 저편에 그 약속 아직도 생생한데 까치발 하고 기다리는 이 마음도 녹아내리는 중일지도 모르겠다. 그러니까 눈물이 저절로 흘러내리는 게 아닐까.

노 시인은 제4시집에서 위에서 소개한 가사 외에도 「물속 그리움」「태화강에서」「어머니의 주름」「어긋난 만남」「열암곡」「인생 질문」 같은 기대되는 곡들을 이미 발표한 바 있다. 실제 노랫말을 짓고, 작곡하고, 가수까지 섭외하여 한 곡을 완성하는 일은 해본 사람만 아는 대단히 고단한 작업이다.

시 한 수 짓는 일에서 더 나아가 이른바 컬래버의 작업을 거쳐 탄생하는 노력이 처절하게 요구되는 작업이기도 하다. 아직 노래로 만들어지지는 않은 「비 내리는 성남동 거리」「울산 연가」「친구」「편지」「비에 젖은 사랑」 같은 가사는 훌륭한 작곡을 만나 주옥같은 멜로디와 황홀한 리듬을 탄다면 명곡으로 탄생할 수 있는 글 매무새를 이미 간직하고 있어 기대되는 바이다.

노명서 시인의 시는 꽃 하나 보더라도 관화觀花의 눈이 다르다. 서정의 세계를 느린 걸음으로 걸어가다가 마주치는 추억의 실마리를 그냥 지나치지 않는 시의 눈을 우린 보았다. 산촌의 곤궁 속에서도 영남알프스에서 태어난 기상을 잊지 않았고, 할머니와 어머니의 서러운 삶의 자양분이 된 유소년기의 고마움도 서정의 세계에 온전히 보전해 주고 있다. 생활인으로서 눈을 돌려, 국민의 한 사람으로서 현실 정치를 보는 울화의 감정에는 '이 나라, 내 나라를 어떡하지, 어찌 만든 오늘의 우린데….'라는 우국의 감정이 시편의 다수에 배음背音으로 깔려 있다. '상반된 경계선에 서 있다'고 말하는 시인은 반짝이는 표현과 문학적 겸손까지 더해져 어쩌면 한 소식消息한 수행자처럼 느껴지기도 한다. 노 시인의 도저히 견딜 수 없는 지성적 성찰의 칼날이 퇴행적 사회에 대한 경책이자, 일갈로 다가와 숙연하다.

'멀미 날 것 같은 시간 지난 열차표', '닻을 내리지 못한 파도'처럼 성상이 다른 물체와 관형어로 접합하여 표현할 수 있는 시적인 능력을 지닌 노명서 시인에게 더욱 기대를 걸게 된다. 현실의 각박함, 허위로 둘러싸인 것에 대한 선병질적인 거부의 몸짓이 더욱 시로 승화되기를 바란다. '털 없는 붓'이라는 허무의 그림자에

포위되지 말고, 서정의 뜨락을 소중하게 걸어가며 애련해하는 그 마음을 잊지 말기 바란다. 시 편편의 육중한 행보와 더불어 선사의 이야기까지 담긴 울산 태화강의 시인으로 가요시에도 명작을 남겨주기라 기대한다. "시인은 시로 말한다. 시인이 긴 문장으로 말하는 것은 췌사다."라는 말을 시 앞에서 다시 새긴다.

문학세계대표작가선 1068

태화강 관어대에 기대어

老泉 노명서 제4시집

인쇄 1판 1쇄 2025년 11월 27일
발행 1판 1쇄 2025년 12월 4일

지 은 이 : 노명서
펴 낸 이 : 김천우
펴 낸 곳 : **문학세계** 출판부 / 도서출판 천우
등 록 : 1992. 2. 15. 제1-1307호
주 소 : 서울시 광진구 구의강변로 85 강우빌딩 7F
전 화 : 02)2298-7661
팩 스 : 02)2298-7665
http://cafe.naver.com/chunwu777
E-mail : cw7661@naver.com

값 15,000원

ISBN 978-89-7954-974-4